Criatividade e Inovação
Como adaptar-se às mudanças

O GEN | Grupo Editorial Nacional reúne as editoras Guanabara Koogan, Santos, Roca, AC Farmacêutica, Forense, Método, LTC, E.P.U. e Forense Universitária, que publicam nas áreas científica, técnica e profissional.

Essas empresas, respeitadas no mercado editorial, construíram catálogos inigualáveis, com obras que têm sido decisivas na formação acadêmica e no aperfeiçoamento de várias gerações de profissionais e de estudantes de Administração, Direito, Enfermagem, Engenharia, Fisioterapia, Medicina, Odontologia, Educação Física e muitas outras ciências, tendo se tornado sinônimo de seriedade e respeito.

Nossa missão é prover o melhor conteúdo científico e distribuí-lo de maneira flexível e conveniente, a preços justos, gerando benefícios e servindo a autores, docentes, livreiros, funcionários, colaboradores e acionistas.

Nosso comportamento ético incondicional e nossa responsabilidade social e ambiental são reforçados pela natureza educacional de nossa atividade, sem comprometer o crescimento contínuo e a rentabilidade do grupo.

SÉRIE GESTÃO ESTRATÉGICA

Criatividade e Inovação
Como adaptar-se às mudanças

LYGIA CARVALHO ROCHA
Socióloga
Mestre em Marketing
Autora de Livros Especializados

A autora e a editora empenharam-se para citar adequadamente e dar o devido crédito a todos os detentores dos direitos autorais de qualquer material utilizado neste livro, dispondo-se a possíveis acertos caso, inadvertidamente, a identificação de algum deles tenha sido omitida.

Não é responsabilidade da editora nem da autora a ocorrência de eventuais perdas ou danos a pessoas ou bens que tenham origem no uso desta publicação.

Apesar dos melhores esforços da autora, do editor e dos revisores, é inevitável que surjam erros no texto. Assim, são bem-vindas as comunicações de usuários sobre correções ou sugestões referentes ao conteúdo ou ao nível pedagógico que auxiliem o aprimoramento de edições futuras. Os comentários dos leitores podem ser encaminhados à **LTC — Livros Técnicos e Científicos Editora** pelo e-mail ltc@grupogen.com.br

Direitos exclusivos para a língua portuguesa
Copyright © 2009 by
LTC — Livros Técnicos e Científicos Editora Ltda.
Uma editora integrante do GEN | Grupo Editorial Nacional

Reservados todos os direitos. É proibida a duplicação ou reprodução deste volume, no todo ou em parte, sob quaisquer formas ou por quaisquer meios (eletrônico, mecânico, gravação, fotocópia, distribuição na internet ou outros), sem permissão expressa da editora.

Travessa do Ouvidor, 11
Rio de Janeiro, RJ — CEP 20040-040
Tel.: 21-3543-0778 / 11-5080-0770
Fax: 21-3543-0896
ltc@grupogen.com.br
www.ltceditora.com.br

Editoração Eletrônica: ANTHARES

CIP-BRASIL. CATALOGAÇÃO-NA-FONTE
SINDICATO NACIONAL DOS EDITORES DE LIVROS, RJ.

R574c

Rocha, Lygia Carvalho
Criatividade e inovação : como adaptar-se às mudanças / Lygia Carvalho Rocha. - [Reimpr.]. - Rio de Janeiro : LTC, 2014.
(Gestão estratégica)

Inclui bibliografia
ISBN 978-85-216-1666-5

1. Criatividade nos negócios. 2. Administração de empresas - Inovações tecnológicas. 3. Cultura organizacional. 4. Desenvolvimento organizacional. I. Título. II. Série.

08-5173.   CDD: 658.406
                                      CDU: 658.011.4

*Aos meus filhos, Joana e Fernando,
cujos caminhos me enchem de orgulho e admiração.*

*Aos meus pais, Hilda e Marcus,
incentivadores e paixões eternas.*

*Aos meus amigos queridos,
que dão força aos meus devaneios.*

*Ao Professor Eraldo Montenegro,
que acredita nas minhas idéias.*

Série Gestão Estratégica

● APRESENTAÇÃO ●

Quando idealizamos o desenvolvimento da **Série Gestão Estratégica**, estávamos movidos por um conjunto de constatações extraídas da realidade brasileira, suficientemente consistentes para evidenciar a existência de lacuna no desenvolvimento de novos gestores.

Já há muitos anos militamos junto ao mundo acadêmico e ao sistema produtivo.

Nossas observações foram objeto de registros nos livros que escrevemos, nos artigos veiculados em mídias diversas, nas palestras, congressos e seminários, assim como nas salas de aulas, quando ministrando cursos.

Ratificamos nossas percepções junto aos muitos profissionais que nos cercam e que durante todo o tempo de existência da revista *DECIDIR*, detentora do Prêmio Belmiro Siqueira, veicularam suas idéias nos muitos artigos publicados.

Um pensamento comum conduziu para a articulação lógica de um conjunto de competências que, além de indispensáveis ao desenvolvimento do gestor, garante-lhe um exercício profissional envolvido na necessária fundamentação.

Em cada um dos dez títulos da série existe uma história de vida, rica o suficiente para a construção de uma orientação permeada pela vivência de quem propõe.

Merecer a confiança da LTC representou para todos os envolvidos um coroamento para os bons momentos de dedicação na elaboração dos textos.

Nossa esperança reside na construção de novos profissionais de gestão, comprometidos em agregar, a cada momento profissional, práticas comprovadamente bem-sucedidas.

Conscientes que muitos são os passos da caminhada de um gestor, guardamos a esperança de que a **Série Gestão Estratégica** ofereça confiança para iniciar a trajetória.

Eraldo Montenegro
Coordenador

NOTA DA AUTORA

A criatividade e a inovação costumam ser abordadas em grande parte das publicações existentes apenas no aspecto que se refere à inventividade, a uma maneira diferente da usual de pensar, desenvolver e utilizar alguma coisa. Por isso, a maioria dedica-se à formulação de exercícios para estimular a criatividade nas pessoas.

O homem é um ser criativo e sempre usou essa faceta da sua personalidade para criar maneiras de enfrentar as adversidades impostas pelo meio ambiente em que vive. Não é à toa que usou elementos da natureza para criar instrumentos de defesa como o machado, em que amarrou uma pedra a um galho de árvore com cipós, criou a roda para ajudá-lo a se locomover com mais rapidez e assim por diante, até chegar aos modernos mísseis, que ajustam seu próprio rumo em direção aos alvos, e aos aviões supersônicos dos dias atuais. Ao mesmo tempo, está sempre criando novos usos para velhos produtos, como a utilização de Coca-Cola como remédio para enjôo e para a limpeza de mármore.

As mudanças tecnológicas estão ocorrendo em um intervalo de tempo cada vez menor, mesmo as transformações mais radicais. As novas tecnologias estão alavancando as empresas, obrigando-as a se ajustar a uma velocidade muito maior que anteriormente, sob pena de ficarem para trás diante dos concorrentes, de terem que mudar o rumo dos seus negócios ou, em alguns casos, até de fecharem as portas.

Já a inovação, durante algum tempo tida como sinônimo de criatividade, tem um sentido muito mais amplo, uma vez que envolve a implementação das idéias geradas com a criação de valor para a empresa, tem um caráter irreversível e é definitiva. As empresas que não tiverem capacidade de se renovar, seja criando novos produtos, seja modificando seus processos de produção e distribuição, retendo seus talentos ou melhorando seu relacionamento com clientes e fornecedores, estão fadadas ao fracasso.

O objetivo deste livro é chamar a atenção para a importância da inserção da criatividade e da inovação na estrutura e na cultura das empresas, para criar um diferencial em relação aos concorrentes. Visa também preparar as empresas para a competição por meio da reestruturação do ambiente organizacional e da introdução das capacidades e competências necessárias à implementação da inovação, em função dos desafios surgidos com a emergência de novas tecnologias.

Por essa razão, ressalta o papel capital do envolvimento da alta direção da organização na definição de objetivos, estratégias, metas, indicadores e recompensas, assim como de agregadora de recursos para a implementação da inovação, com o intuito de incentivar a criatividade com geração de valor e disseminar a cultura da inovação para a empresa largar em vantagem na competição com os concorrentes.

O livro destina-se principalmente aos proprietários e executivos de empresas, aos profissionais que lidam com estratégia, logística, gestão de pessoas, pesquisa, marketing e gerência de processos, produtos, serviços e clientes, que são os responsáveis pela inserção da inovação, a fim de manter a organização no mercado.

Diferencia-se de grande parte da bibliografia pesquisada na medida em que enfoca a inovação como fonte de criação de valor, ao abordar o aproveitamento das novas tecnologias e da criatividade dos empregados para a geração de resultados. Foi estruturado em duas partes, a primeira acerca dos novos desafios do mundo atual e a segunda sobre os diferenciais que as empresas devem implementar para enfrentá-los.

Os dois primeiros capítulos dão uma visão geral dos desafios que se apresentam no mundo atual devido à rapidez com que se introduzem novas tecnologias no mercado em face da competição e como as empresas devem lidar com as ameaças e oportunidades e se posicionar no mercado.

Os Capítulos 3 e 4 analisam a estrutura interna das empresas de modo a perceber e explorar seus pontos fortes e fracos e propõem a introdução de novos sistemas organizacionais que incorporem criatividade e inovação em suas estratégias, liderança, processos e competências, a fim de prepará-las melhor para a competição.

Os Capítulos 5 e 6 apresentam maneiras de estimular a criatividade e implementar a inovação nas organizações, dos produtos aos processos, distribuição no mercado e relacionamento com os clientes, a fim de se obter sucesso no mundo moderno.

Os dois últimos capítulos propõem uma nova estrutura para as empresas que estimule o aprendizado, de modo a incorporar a inovação na sua cultura, e apresentam exemplos de inovações no decorrer dos tempos que mudaram a vida das pessoas e empresas.

PREFÁCIO

O intuito deste livro é apresentar uma metodologia desenvolvida para criar e manter uma empresa inovadora e propor um modelo de estrutura organizacional.

A metodologia procura ser bastante flexível, considerando-se o curto ciclo de vida das novas tecnologias que estão provocando mudanças profundas e alavancando o progresso, uma vez que as empresas não podem deixar de ser cada vez mais inovadoras para não serem obrigadas a fechar suas portas, tragadas pela obsolescência.

Na metodologia, a criatividade e a inovação estão incorporadas à estrutura organizacional da empresa, de modo que ela esteja sempre à frente das suas concorrentes e preparada para qualquer mudança decorrente da introdução de novas tecnologias e modelos de negócios no mercado.

A metodologia baseia-se em pesquisa primária e secundária de informação sobre inovação e comportamento dos consumidores e está focada em quatro pontos principais: a implantação de inovações de produtos, processos, distribuição no mercado e de relacionamento com os clientes; a motivação permanente dos empregados; a orientação para os clientes; e o foco nos resultados das organizações.

A autora começou a desenvolver essa metodologia para lidar com os problemas que enfrentou ao definir e implementar estratégias para a mudança da cultura organizacional de uma empresa que foi privatizada.

A nova metodologia ainda não foi testada na íntegra em nenhuma organização, de maneira que está sujeita a sofrer ajustes no decorrer de sua implementação. Contudo, mostra-se pertinente e bastante flexível para estimular a criatividade dos empregados de uma empresa de modo a mantê-la sempre desperta para as inovações no desenvolvimento de produtos, serviços e processos, na comercialização e no relacionamento com os clientes, a fim de obter melhores resultados no mercado e ficar à frente dos competidores.

L. C. R.

OUTROS TÍTULOS DA SÉRIE

Consumidor – Como elaborar o seu perfil
Lygia Carvalho Rocha

Gestão de Projetos – Como estruturar logicamente as ações futuras
Guilherme Pereira Lima

Técnicas de Reunião – Como promover encontros produtivos
Leonardo Ribeiro Fuerth

Negociação – Como estabelecer diálogos convincentes
Jorge Dalledonne

Visão Totalizante – Como promover leituras estratégicas do ambiente
Jorge Dalledonne

Inovação Tecnológica – Como garantir a modernidade do negócio
Ronald Carreteiro

Relacionamento Interpessoal – Como preservar o sujeito coletivo
Maria do Carmo Nacif de Carvalho

Processos com Resultados – A busca da melhoria continuada
Antonio Carlos Orofino

Faces da Decisão – Abordagem sistêmica do processo decisório
Maria José Lara de Bretas Pereira e João Gabriel Marques Fonseca

SUMÁRIO

Introdução 1

CAPÍTULO 1 *Os Desafios do Mundo Moderno* 5

1.1 Investigando o ambiente 6
1.2 Lidando com ameaças e oportunidades 10

CAPÍTULO 2 *Os Desafios da Concorrência* 15

2.1 Posicionando a empresa no mercado 16
2.2 Preparando a empresa para a competição 19

CAPÍTULO 3 *Os Desafios da Mudança Organizacional* 25

3.1 Analisando a estrutura e a cultura organizacionais 27
3.2 Definindo o perfil das pessoas e o papel da liderança 31
3.3 Inserindo criatividade e inovação na organização 35

CAPÍTULO 4 *Os Diferenciais Competitivos* 41

4.1 Estabelecendo objetivos e estratégias 42
4.2 Reestruturando o ambiente organizacional 48
4.3 Introduzindo novas capacidades e competências 54

CAPÍTULO 5 *O Diferencial da Criatividade* 61

5.1 Trabalhando a motivação 62
5.2 Exercitando a desconstrução da mente 65
5.3 Estimulando a criatividade 69

CAPÍTULO 6 *O Diferencial da Inovação* 77

6.1 Incentivando a criação de novas idéias 79
6.2 Desenvolvendo metodologias e sistemas inovadores 84
6.3 Implementando a inovação 90

CAPÍTULO 7 *Os Diferenciais da Empresa Inovadora* 97

7.1 Implantando uma gestão inovadora 98
7.2 Gerenciando as pessoas 103
7.3 Orientando para os clientes 107
7.4 Focando nos resultados 114

CAPÍTULO 8 *Alguns Exemplos de Inovação* 121

Conclusão 127

Bibliografia 133

Criatividade e Inovação
Como adaptar-se às mudanças

Introdução

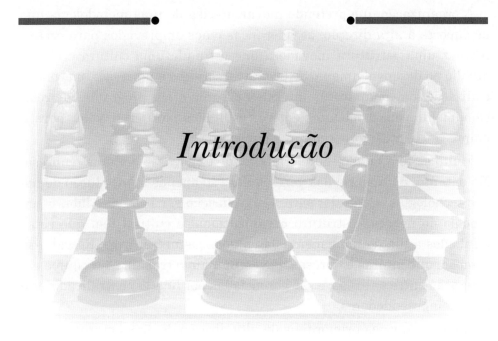

*"O futuro têm muitos nomes.
Para os fracos é o inatingível.
Para os temerosos, o desconhecido.
Para os valentes é a oportunidade."*
Victor Hugo

Todos os dias aparecem novidades na sociedade contemporânea, algumas suaves e outras mais radicais, e as empresas que não procurarem se informar e se preparar para empreender mudanças podem acabar desaparecendo. A ausência de informação sobre as tendências tecnológicas ou sobre estruturas organizacionais e a falta de visão sobre o que o futuro reserva e como pode afetar o seu negócio são responsáveis pelas elevadas taxas de fechamento de empresas no Brasil e no mundo. Mais de 50% das organizações fecham após o primeiro ano de funcionamento.

A fim de evitar esse desfecho, os empresários e executivos devem estar sempre investigando o que acontece pelo mundo e manter a mente aberta mesmo às invenções mais radicais. Dessa maneira, criam condições de visualizar com antecedência as transformações que podem fazer em suas empresas para não serem pegos de surpresa.

A organização que pretende inovar precisa de uma metodologia que dê suporte à alta direção, às lideranças e aos empregados para criar e manter uma estrutura inovadora que estimule uma cultura criativa, auxilie no desenvolvimento de produtos, serviços e processos, na comercialização, na comunicação interna e externa e nos programas de relacionamento com os clientes e gere resultados para criar valor para a empresa, clientes, fornecedores e parceiros.

Muito se tem falado sobre criatividade e inovação em uma empresa. No entanto, na maioria das vezes, refere-se apenas à introdução de novas tecnologias. Contudo, para a organização ser bem-sucedida, o seu modelo de negócio, estrutura organizacional e cultura têm que estar alinhados a fim de implementar as mudanças necessárias. Ressalte-se também que muitas empresas não estimulam o trabalho em equipe e a interação entre as áreas, e são gerenciadas por líderes centralizadores e pouco empreendedores.

Uma das tarefas primordiais da alta direção de uma empresa é analisar os cenários políticos, econômicos e sociais locais e mundial a fim de prever as tendências tecnológicas e as referentes a modelos gerenciais, na medida em que são esses fatores que vão determinar os rumos das organizações. O trabalho dos líderes começa com a investigação do ambiente externo e com uma avaliação das ameaças e oportunidades que se apresentam, de modo que possam posicionar sua empresa no mercado.

A seguir devem proceder a uma análise dos recursos internos da organização para avaliar suas capacidades e competências, tanto em termos de pessoas quanto de equipamentos e tecnologias. No entanto, é fundamental a investigação da cultura organizacional, na medida em que a conjunção desses fatores é crucial para determinar as ameaças que vão afetar a empresa e as oportunidades de que vão poder se valer.

Apenas após proceder a essa investigação, que deve ser feita constantemente, a organização está apta a definir seus objetivos e estratégias e montar um plano de ação, que deve ser flexível o bastante para que seu rumo possa ser corrigido em função das mudanças que podem ocorrer no processo de implementação. A inovação exige flexibilidade das empresas, pois cada novidade implica alguma modificação, em especial no realocamento de recursos, tanto físicos quanto financeiros.

No mundo atual, dominado por novas tecnologias que surgem com muita rapidez, é fundamental que as empresas passem a se preocupar com a preparação de sua estrutura organizacional a fim de torná-la mais ágil para absorver as mudanças decorrentes dessas evoluções.

Dentro desse contexto, salienta-se a importância da criatividade do seu pessoal e da inovação para as empresas criarem um diferencial em relação à concorrência, tanto no que se refere aos seus produtos como aos seus valores e aos processos de produção, comercialização e relacionamento com os clientes.

Após a reestruturação organizacional e a elaboração de um plano de ação flexível, para que possa se adaptar rapidamente às mudanças externas, a empresa está preparada para implementar inovações de modo contínuo, na medida em que foi estruturada para estimular a criatividade dos seus empregados e a participação de todos no processo de inovação. Entretanto, deve-se ressaltar a importância da orientação da empresa para a satisfação dos clientes e o seu foco em resultados, e, principalmente, a busca da inovação no seu setor de negócios para que alcance ou se mantenha na liderança.

CAPÍTULO 1

Os Desafios do Mundo Moderno

"Haverá mil vezes mais mudanças tecnológicas no século XXI que no século XX. Haverá uma fusão entre seres humanos e computadores, tão rápida e profunda, que representará o rompimento da história da humanidade."
Ray Kurzweil

Nos dias de hoje, a economia mundial está em contínua transformação. Cada vez mais empresas perdem fatias de mercado devido às pressões da competitividade na economia globalizada, tornando mais barato para os países mais desenvolvidos transferirem a sua produção para economias que pagam salários menores como China, Índia e os países da América Latina.

Esse fenômeno está ocorrendo particularmente em setores de serviços intensivos no fator trabalho como os *call centers* e em setores de conhecimento intensivo como os de serviços financeiros. Não é raro ligar-se para um *call center* dos Estados Unidos para fazer uma reclamação e ser atendido na Índia.

O mundo moderno apresenta importantes desafios às empresas, que são obrigadas a estar sempre preparadas para se adaptarem às mudanças constantes e muito rápidas das tecnologias. A todo minuto surgem novas invenções em todas as áreas do conhecimento humano, que só não ocorrem em maior quantidade porque muitas organizações ainda não estão dispostas a fazer grandes transformações e acabam por cercear a criatividade de seus empregados.

As empresas devem introduzir inovações em curtos intervalos de tempo, seja no que diz respeito às tecnologias, seja no que se refere aos seus modelos de negócios, de modo a acompanhar a evolução do mundo e estar sempre à frente dos concorrentes. No entanto, a fim de incorporarem as transformações e criarem um ambiente aberto e propício às inovações, é fundamental que elas tenham flexibilidade gerencial e da estrutura organizacional.

Os maiores impulsionadores da criação de valor econômico para as organizações são o uso da inteligência artificial e o emprego de gente que quebre regras e possibilite o desenvolvimento de um produto completamente diferente dos que estão disponíveis no mercado.

1.1 INVESTIGANDO O AMBIENTE

Em um mundo fluido e sem regras, os maiores ativos de uma organização são a informação, a imaginação, a interdependência entre os setores e a flexibilidade, na medida em que propiciam uma abertura para as inovações. As empresas precisam ter um profundo conhecimento de toda a cadeia de produção e de administração, distribuição e venda para se diferenciarem da concorrência.

Atualmente, as empresas precisam ser ágeis, inovadoras, empreendedoras, rápidas e eficientes. E, para isso, devem, em primeiro lugar, reduzir a burocracia e ter funcionários dispostos a empreender mudanças tanto no desenvolvimento de produtos como na forma de trabalhar. A nova mentalidade estimula os empregados a quebrar regras e a inventar, encorajando a mobilidade, o espírito empreendedor e a mudança.

As constantes mudanças tecnológicas estão obrigando as organizações a fazer um planejamento estratégico flexível para conquistarem uma vantagem competitiva sustentável. Se antes as empresas de moda e produtos domésticos lançavam duas a quatro coleções por ano – inverno/verão ou uma para cada estação –, agora as organizações fazem constantes modificações nas roupas e utensílios e promovem freqüentes remarcações nas peças das quais os clientes não gostaram para girar o estoque.

Está havendo uma redefinição dos negócios porque grande parte dos ativos não é mais tangível, mas está relacionada à percepção das pessoas e empresas. O ex-CEO da Harley Davidson, Rich Teerlink, definiu a sua organização como "uma empresa de estilo de vida e não um fabricante de veículos", o que fez subir em bilhões de dólares a sua avaliação no mercado.

A informação é uma ferramenta poderosa e tem um papel fundamental na mudança da configuração, da localização e até da natureza das organizações, na medida em que permite adaptá-las aos novos mercados mutantes e às novas demandas dos consumidores. Ela é utilizada para unir áreas de conhecimento no lugar, tempo e maneira que se faça necessário. A nova organização não é mais um conjunto de departamentos estanques em que os produtos passam de uma área para a outra sem nenhuma comunicação durante o processo, mas depende de equipes de diferentes áreas que agregam valor à cadeia de um projeto.

Essa visão unificada da organização provoca mudanças nas oportunidades de ascensão na carreira, nos sistemas de recompensa, na gerência das pessoas, nos níveis hierárquicos, na arquitetura do espaço físico e nas relações com as concorrentes, com os fornecedores e com os clientes. As transformações acontecem de uma forma muito rápida em função das demandas competitivas, obrigando as empresas a fazer diversas parcerias para agregar valor. A revolução tecnológica forçou as empresas a se conectar com o mercado por meio de ligações eletrônicas com os clientes, fornecedores e distribuidores, modificando completamente as relações entre eles.

A junção dos computadores com as telecomunicações formou uma rede extremamente veloz e com uma fabulosa capacidade de armazenamento de informações. Os correios eletrônicos e de voz uniram empresas, mesmo as mais dispersas geograficamente. Se, atualmente, há uma rede de sistemas que pensam e são flexíveis, no futuro muito próximo redes neurais simularão padrões do raciocínio humano para coletar, selecionar e analisar dados de uma forma inteligente, visando auxiliar na tomada de decisões independentes.

O uso estratégico da informação tornou-se norma, e a vantagem competitiva de uma empresa dura o tempo necessário para o concorrente dar o próximo passo. Os ciclos de inovação são circulares, ou seja, uma nova tecnologia direciona a estratégia, que, por sua vez, direciona para outra nova tecnologia. Segundo muitos teóricos, a principal razão de as empresas perderem a liderança deveu-se a investimentos maciços em tecnologias marginalmente inovadoras que proporcionavam melhorias apenas incrementais já que se baseavam nas tendências do mercado, sem realmente criar novas soluções.

Na lista das 100 Maiores Empresas da Forbes de 1917 a 1987, ou seja, em 70 anos, 61 empresas desapareceram, e das 39 que restaram somente 18 permaneceram entre as 100 maiores, mas apenas duas tiveram um bom desempenho no mercado – GE e Kodak. Ressalte-se, contudo, que a Kodak está em dificuldades porque demorou a perceber a tendência mundial de digitalização da fotografia. Já na lista das 500 Maiores Empresas da Standard & Poor's de 1957 a 1997, apenas 74 sobreviveram nesses 40 anos, ou seja, 80% morreram, e somente 12 se sobressaíram no mercado.

A maioria das previsões de mudanças setoriais ainda é feita com base na coleta e análise de dados históricos da própria empresa e do *benchmarking* da área, daí a necessidade do uso de teorias novas para implementar inovações, porque nem sempre o que funciona para uma empresa é válido para outra.

De modo a esclarecer o processo de inovação, Christensen, Anthony e Roth desenvolveram três importantes teorias: a da inovação disruptiva, a dos recursos, processos e valores e a da evolução da cadeia de valor.

Segundo a Teoria da Inovação Disruptiva, as empresas existentes normalmente derrotam as novas em inovações incrementais, mas são derrotadas quando se trata de inovações disruptivas porque as entrantes podem criar inovações relativamente simples, convenientes e de baixo custo.

As necessidades de um consumidor tendem a ser relativamente estáveis em determinadas aplicações de mercado. Desse modo, as empresas podem investir em melhorias dos produtos existentes nas dimensões valorizadas pelos consumidores – inovações incrementais ou sustentadoras – ou em novos produtos e serviços que apresentam proposição de baixo mercado ou de novo valor – inovações disruptivas. As de baixo mercado são baseadas principalmente em menores preços, e as de novo mercado oferecem produtos e serviços mais simples a preços mais baixos, alcançando até os não-consumidores.

Ao identificar sinais de mudança em uma análise do mercado, as empresas podem optar por criar inovações disruptivas – de novo mercado – para alcançar os não-consumidores, ou de baixo mercado, visando aos consumidores saciados insatisfeitos – ou lançar inovações sustentadoras em mercados exigentes para alcançar os consumidores não-saciados. As inovações disruptivas têm potencial para reformular radicalmente a estrutura de um setor.

Uma análise de mercado busca identificar consumidores que não são atendidos pelos produtos existentes, os que gostariam de dispor de outras funções e aqueles que apenas querem pagar menos. Os modelos de negócio integrados permitem a criação de produtos com muito mais agilidade e a um custo bem menor. As empresas que souberem tirar partido das novas tecnologias e de novos modelos de negócio podem não só crescer como mudar o seu setor de negócio, já que as circunstâncias implicam a invasão do mercado da empresa-líder por novas organizações

A Teoria dos Recursos, Processos e Valores desenvolvida por Christensen, Anthony e Roth sustenta que as empresas aproveitam bem as oportunidades quando possuem recursos, seus processos facilitam o desenvolvimento de produtos e seus valores priorizam os investimentos de forma adequada. Os processos e recursos das empresas líderes são planejados para lidar com inovações incrementais e, por causa disso, dificultam a implementação de inovações disruptivas. Já as empresas que entram na competição trabalham com inovações disruptivas para se diferenciar das líderes. De modo geral, as empresas líderes focam o trabalho em algumas atividades e terceirizam as demais para fornecedores e parceiros.

Os recursos da empresa – pessoas, tecnologias, produtos, equipamentos, informação, capital, marca, canais de distribuição – ; os processos que desenvolveram para trabalhar – recrutamento, treinamento, desenvolvimento de produto, manufatura, planejamento e orçamento, pesquisa de mercado, alocação de recursos, logística – ; e os valores que direcionam seus planos de negócios – estrutura de custos, demonstrações de resultados, demandas dos consumidores, ética, tamanho das oportunidades – definem suas forças bem como suas fraquezas.

Já na Teoria da Evolução da Cadeia de Valor, Christensen, Anthony e Roth defendem o controle pelas empresas de todas as atividades ou uma combinação delas dentro de uma cadeia de valor para que resultem em um desempenho eficaz no atendimento aos consumidores, uma vez que o controle direto e a integração ampliam as possibilidades de resolução de problemas. No entanto, a integração tende a tornar a empresa inflexível, diminuindo sua agilidade, já que organizações menos integradas podem pesquisar as características dos produtos e serviços mais importantes para os consumidores e otimizar partes da cadeia de valor.

A construção de arquiteturas em módulos facilita a desintegração da cadeia de valor, sacrificando o desempenho em favor da velocidade, receptividade, conveniência e adequação dos produtos aos clientes sem ter que redesenhá-los.

As empresas líderes devem, portanto, analisar como as inovações disruptivas afetam o seu negócio para optar por ela ou realizar apenas melhorias. Um exemplo clássico foi a invenção do telefone de alcance apenas local na época da telegrafia de longa distância. A empresa americana Western Union teve que decidir se entrava ou não no mercado da telefonia de curta distância e optou pela manutenção dos seus negócios em telegrafia de longa distância, perdendo a oportunidade de entrar em um mercado que teve um crescimento gigantesco e acelerado, já que geralmente as escolhas são irreversíveis.

1.2 LIDANDO COM AMEAÇAS E OPORTUNIDADES

Para entender melhor as ameaças e oportunidades que se apresentam, a alta direção deve analisar o futuro não só do seu negócio mas de todo o setor, e avaliar se essa visão reflete as prioridades imediatas da empresa, bem como o comportamento dos concorrentes. O foco das organizações deve ser a definição de novas regras de competição para o seu setor, criando e estabelecendo novas formas de fazer negócios e novos padrões de satisfação dos clientes, de modo a se manterem na liderança.

A empresa tem que se preocupar mais em redefinir sua estratégia em função da previsão do futuro do que em fazer uma reengenharia dos seus atuais processos, que podem até não existir em uma reestruturação, e buscar o crescimento por meio do desenvolvimento de novos negócios e não pela eficiência operacional.

A organização deve avaliar se sua estratégia é proativa ou reativa, observando se sua transformação é impulsionada pela visão de ameaças e oportunidades futuras ou pelas ações dos concorrentes. Os gerentes devem analisar se gastam mais tempo resolvendo problemas internos como alocação de despesas administrativas ou pesquisando novas tecnologias e possíveis mudanças nos próximos anos.

A partir daí, as empresas devem examinar suas necessidades em termos da criação de novas competências, novos conceitos de produtos e formação de alianças. Se a atuação visa a soluções imediatas de problemas e apenas reage às ações da concorrência, a empresa não está usando sua capacidade de reflexão e de imaginação porque está voltada para o presente sem criar perspectivas para o futuro.

A reestruturação da empresa, a reengenharia dos processos e o *downsizing* – redução de pessoas e do portfólio de produtos com a manutenção dos mais lucrativos – são importantes, mas não criam novos setores no futuro, apenas mantêm os negócios atuais. Muitas empresas acabaram porque ficaram atreladas aos sucessos do passado e não reformularam suas crenças e premissas para acompanhar as mudanças do mercado. Não se capacitaram nas tecnologias que deveriam dominar, nos clientes que deveriam atender e na maneira de melhorar o desempenho dos seus funcionários.

As modificações nos setores de negócio impõem uma transformação organizacional que inclui *downsizing*, redução de despesas, *empowerment* dos empregados, redesenho de processos e racionalização do portfólio dos projetos, mas isso é insuficiente para recuperar posições de liderança ou para garantir o futuro de uma empresa. Em face da competição, a maioria das empresas inicia um processo de reestruturação cortando níveis hierárquicos, demitindo funcionários e eliminando negócios com desempenho insatisfatório a fim de aumentar a produtividade.

O retorno do investimento pode se dar por meio do aumento do faturamento líquido ou do corte de ativos e funcionários, que é a maneira preferida da maioria das organizações. Aumentar o faturamento implica a criação de novas competências e a gestão do conhecimento sobre as novas oportunidades e sobre as necessidades constantemente mutáveis dos clientes. No entanto, o corte de funcionários afeta seu moral e, conseqüentemente, seu empenho intelectual e emocional na criação de idéias.

As empresas se mostraram mais interessadas na redução de custos e na agilização dos processos para erradicar trabalhos desnecessários do que na satisfação dos clientes e na criação de mercados futuros. A modificação das redes de fornecedores, o redesenho dos processos de desenvolvimento de produtos, a distribuição de produtos no mercado e o relacionamento com os clientes fazem parte dos requisitos para entrar no mercado, porém não criam vantagem e diferencial competitivo para superar os seus concorrentes.

Os modelos de gestão das organizações devem ser modificados para incorporar a inovação no seu planejamento e no desenvolvimento de produtos e processos, de modo a protegê-las das obsolescências internas ou das provocadas por mudanças no ambiente competitivo. A gestão da inovação tem por função repensar de um modo novo e interativo toda a cadeia de valores, de forma a agregar processos, pessoas, tecnologias e mercados, criando conexões e compondo uma rede para construir conhecimentos e adicionar valor ao cliente.

Uma organização inovadora e competitiva, disposta a quebrar paradigmas para obter resultados financeiros e sociais e assegurar a sua perenidade, depende dessa cadeia de valores com grande capacidade de adaptação para adicionar valor ao cliente. O principal papel das redes é o de conectar tecnologia, processos, pessoas, mercado e parcerias de modo integrado para estimular mudanças comportamentais e gerar conhecimento pela disseminação de informações entre todos os envolvidos.

A cultura de inovação deve permear toda a cadeia de valores e é um dos fatores responsáveis pela preservação da competitividade e sobrevivência das organizações na medida em que as ajuda a desenvolver competências e a criar valor por meio de um pensamento sistêmico.

A implantação da inovação envolve cinco dimensões igualmente importantes e interligadas para a promoção de mudanças nas empresas, que são: a Gestão da Qualidade, que busca a produtividade e eficiência dos processos; a Gestão de Produção, que trata da tecnologia da informação, com o desenvolvimento de sistemas automatizados e redes para comunicação em tempo real; a Gestão Orientada para o Mercado, que visa à satisfação das necessidades dos clientes e à comunicação com o mercado; a Gestão de Negócios Colaborativos, que abrange as parcerias, terceirizações e outras formas de conexões que fortalecem a inovação com a disponibilização de sistemas abertos; e a Gestão Competitiva de Pessoas, que trata da formação de conhecimentos, habilidades e competências para provocar mudanças nas organizações.

A maturidade na gestão das inovações reflete a missão, a visão e os valores da organização e as suas estratégias e objetivos, inclusive os relativos aos concorrentes e à criação de vantagens competitivas. De acordo com a maturidade, as organizações podem ser classificadas como: Frágeis – quando não inovam ou têm competências limitadas a uma das dimensões; Sobreviventes – quando sustentam sua posição devido a circunstâncias ou vantagens competitivas em poucas dimensões; Competitivas – quando combinam inovação e competências em várias dimensões; Vencedoras – quando são inovadoras e adaptativas, líderes em competências e vantagens competitivas em várias dimensões; e Perenes – quando são inovadoras em todas as dimensões, provocam mudanças nos processos, incorporam parceiros em seus modelos de negócios e mantêm constante relacionamento com os clientes.

As organizações que quebram paradigmas geralmente trabalham integrando o conhecimento e as competências dos capitais humano – os funcionários, estrutural – os processos, *know-how*, marcas – e de relacionamento com os clientes, de modo a gerar um aprendizado contínuo, promover mudanças e obter vantagem competitiva.

CAPÍTULO 2

Os Desafios da Concorrência

"Agora precisamos treinar para jogar um jogo totalmente diferente, um jogo chamado reimagine, no qual as regras que definem o melhor não estão mais valendo."
Tom Peters

A inovação é utilizada desde o começo da história humana e de suas instituições como meio para progredir e evoluir. Como envolve uma série de dimensões, a gestão da inovação não pode cuidar apenas de tecnologia, processos, pessoal, conexões ou mercado, mas deve abranger toda a gestão da inteligência, ampliando e atualizando o conhecimento de forma a torná-lo um instrumento de competitividade. Inovar é criar diferenças marcantes que surpreendam a concorrência e alavanquem a curva de experiência, transformando as competências para gerar melhores soluções para a empresa, os acionistas e a sociedade.

O objetivo final das organizações é a sua sobrevivência, e ela vai depender da sua habilidade em competir e ter sucesso no mercado global, o que só pode ser obtido com inovação, promoção de mudanças evolutivas e adaptação constante aos macro e microambientes. A revolução da tecnologia da informação integrada às telecomunicações está gerando instabilidade e forçando as empresas a tomar decisões rápidas, a fazer alianças com fornecedores e clientes e a focar na utilidade dos seus produtos e serviços. Segundo Tom Peters, em tempo de descontinuidade, as organizações devem desaprender os seus negócios e destruir os seus processos para se reinventar.

As empresas estão sendo obrigadas a modificar constantemente a sua forma de trabalhar, o que exige novas habilidades dos seus empregados como aprender rapidamente a usar computador e Internet, em decorrência das mudanças tecnológicas que ocorreram nesse período. A fim de se tornar inovadora, a empresa precisa de uma visão estratégica que adote uma abordagem holística das dimensões dos processos, pessoas, tecnologias, mercado e conexões para a construção de parcerias.

O sucesso dos esforços depende da sociedade e de um ambiente que promova o trabalho e integre o comportamento dos elementos microeconômicos, como organizações, consumidores e mercados, e macroeconômicos, como orçamento e política comercial. No âmbito microeconômico, as organizações estão sendo pressionadas constantemente pela concorrência, pelas demandas dos consumidores por produtos melhores e dos empregados por recompensas pelo bom desempenho. Por causa dessas pressões, elas têm, necessariamente, que ser orientadas para resultados.

Para aumentar a velocidade e a eficiência dos novos modelos de negócios, as organizações estão compartilhando informações e processos. As atuais estruturas organizacionais são construídas para obter o máximo benefício das redes e um programa de colaboração que envolva identidade, reputação, confiança, transparência, limites e governança. Dessa forma, criam um conhecimento compartilhado a fim de reduzir os custos e acelerar inovações para obter vantagens competitivas em função da cadeia de valor.

2.1 POSICIONANDO A EMPRESA NO MERCADO

Apesar de as organizações terem que se focar em resultados no curto prazo para operar nos mercados atuais, elas devem se preparar para modificações futuras também no médio e longo prazos, porque as mudanças no gosto dos consumidores, a introdução de novos produtos e o desenvolvimento e a aplicação de novas tecnologias acontecem de forma acelerada. A maioria das empresas tem adotado visões sofisticadas sobre o futuro, na sua estratégia, incorporando valores como inovação e adotando ferramentas de gestão integrada como o Balanced Scorecard, desenvolvido pelos professores Robert Kaplan e David Norton. Contudo, ainda são muito focadas em resultados de curto prazo e, por isso, nem sempre respeitam a estratégia definida.

A fim de se posicionarem melhor no mercado, as organizações devem procurar definir uma estratégia que equilibre as necessidades atuais e as futuras, gerenciando inúmeros projetos organizacionais para se proteger contra as ameaças e aproveitar as oportunidades que emergem continuamente. Dessa maneira, os projetos atuais também têm que satisfazer os objetivos estratégicos ao longo do tempo de forma a competir no cenário futuro e devem estar alinhados entre si, com alternativas definidas para a alocação de recursos em cada um, uma vez que muitas vezes as prioridades têm que ser redefinidas em função do ambiente de negócios mutável.

Há mais desafios, oportunidades e ameaças do que recursos nas organizações, não sendo mais suficiente a redução de tamanho para aumentar a sua eficiência, já que a essência não muda. As empresas precisam se reavaliar, modificando as suas estratégias de modo a reinventar seus setores para se diferenciar dos concorrentes. Quando perdeu uma fatia substancial de mercado, a Xerox adotou o *benchmarking* dos concorrentes e fez reengenharia nos processos para reduzir custos e melhorar a satisfação dos clientes. No entanto, como não criou novos negócios, não conseguiu recuperar grande parte dos clientes perdidos porque não explorou a sua criatividade para reinventar o seu negócio.

Um melhor posicionamento no mercado exige que as empresas modifiquem sua estratégia, repensando as fronteiras do seu setor e imaginando os desejos dos clientes nos próximos anos para não ficarem dependentes das políticas implementadas pela liderança do setor. Elas têm que definir algumas questões básicas a fim de se reestruturar e se preparar para a competição, fazendo uma análise das suas competências, clientes, canais, concorrentes, mercados, da proveniência dos seus lucros e das bases de sua vantagem competitiva, sob o enfoque do presente e com projeção do futuro.

A análise dessas questões deve chegar a conclusões substancialmente diferentes para a manutenção da empresa na liderança ou mesmo a sua permanência no mercado. De forma geral, as empresas desafiantes inventam soluções mais eficientes para os problemas dos clientes porque são bem diferentes das atuais, uma vez que estão dispostas a arriscar bastante para se diferenciar, enquanto as que já estão no mercado buscam apenas agilizar a sua produção para manter seus lucros.

Atualmente, a maior parte das organizações procura descobrir por onde e como começar a inovação, definindo maneiras de estimular a criatividade e de se reorganizar. A inovação difere da invenção na medida em que cria algo novo ou faz mudanças em algo já estabelecido, e é comercialmente relevante para a empresa. Dessa maneira, implica uma análise estratégica e financeira da criação, bem como das capacidades da empresa para sua comercialização.

As inovações podem ocorrer desde o desenvolvimento de novas tecnologias até maneiras inovadoras de recrutamento, novos modos de gerenciar clientes ou de aprimorar a logística da empresa, e são vitais para o futuro a longo prazo da empresa. As inovações, segundo Peter Drucker, "consistem na busca deliberada e organizada por mudanças e na análise sistemática das oportunidades que essas mudanças possam oferecer".

As inovações de produto podem ocorrer tanto a partir de uma busca deliberada por oportunidades como podem ser resultantes de situações ocasionais não-previstas ou planejadas quando solicitadas pelos clientes. Por outro lado, podem se originar tanto nos empregados – em uma abordagem de baixo para cima (*bottom-up*) – ou impostas pela gerência com base nas estratégias da empresa, em uma abordagem de cima para baixo (*top-down*). Em ambos os casos podem levar ao sucesso, dependendo da aplicação, da cultura e da estrutura da organização.

Entretanto, a cultura e a estrutura têm que ser inovadoras e baseadas em processos, provisão de fundo e suporte da diretoria, senão será difícil que empregados criativos consigam levar adiante suas idéias e invenções para transformá-las em inovações. A cultura inovadora é criada ao longo do tempo por meio de uma liderança forte, políticas empresariais de suporte e treinamento administrativo.

A responsabilidade pelas inovações deve envolver todos os empregados, mas deve ser facilitada pelos departamentos de recursos humanos e de comunicação interna, com a delegação de responsabilidades com suporte constante da alta direção, que vai definir os responsáveis pela implementação, acompanhamento e liderança de projetos inovadores.

A responsabilidade pela liderança vai depender do tipo de inovação que a empresa deseja buscar. No caso de melhoria contínua, caberá às áreas de operação, manutenção e engenharia; se o foco for na inovação de produtos – na fase de produtos novos e revolucionários –, caberá aos setores de pesquisa & desenvolvimento, e na fase de produtos para o mercado de massa, que ainda precisam de aprimoramentos para atender melhor às necessidades dos clientes, caberá aos departamentos de marketing e vendas. As responsabilidades também variam de acordo com o tipo de objetivo, o local em que se encontram as capacidades inovadoras na organização e a maneira como podem ser mais bem exploradas.

2.2 PREPARANDO A EMPRESA PARA A COMPETIÇÃO

Nos dias de hoje, com todas as transformações que vieram no bojo das novas tecnologias, três perguntas devem ser respondidas quando as organizações resolvem empreender uma mudança: o que é importante implementar, quais os recursos disponíveis e qual a cultura organizacional.

Os maiores impulsionadores de mudança nas empresas são a queda dos lucros, a perda de clientes e a perda de talentos criativos. As novas tecnologias estão gerando transformações em toda a estrutura das organizações, destruindo cadeias hierárquicas, desorganizando procedimentos, desvalorizando competências e habilidades e modificando constantemente as regras para inovar.

Com o intuito de entrar na competição, as empresas devem desenvolver cenários do futuro pensando de forma diferente e usando a imaginação para criar novos padrões, de modo a gerar novos conhecimentos a partir de associações de idéias. É fundamental que desenvolvam processos de inovação para estimular, recompensar e reconhecer as idéias das pessoas de talento, a fim de canalizar sua energia criativa. Também é importante a criação de programas que utilizem métodos estruturados e sistemáticos para estimular a geração de novas idéias, combinando as existentes com as provenientes de agentes externos, e alocação de recursos para a implementação das idéias mais promissoras.

As organizações precisam fazer uma transformação substancial criando novos modelos de negócios mais complexos e sofisticados e modificando radicalmente as suas estruturas e culturas. O novo ambiente organizacional difere bastante do modelo atual, o que faz com que processos de reengenharia e programas de qualidade e de redução de custos sejam insuficientes para enfrentar a concorrência. A nova empresa deve ter abertura para interagir com o ambiente externo preparando-se para a entrada de novos talentos e idéias, e ter capacidade de aprender a se ajustar às novas circunstâncias mostrando capacidade de adaptação e evolução.

O mercado exige que as organizações assumam novas responsabilidades, conduzindo seus empregados para enfrentar desafios que ajustem as suas ideologias e desenvolvam estratégias competitivas que agreguem valor aos clientes. Ao mesmo tempo, devem estabelecer uma relação de parceria duradoura com fornecedores e clientes, de modo a representar a melhor oferta para a satisfação das necessidades dos clientes.

As organizações devem mudar os seus conceitos de competição, considerando concorrentes todos que disputam recursos ou mercados, atuais ou futuros, sem limitações geográficas ou de setores de atuação. Até porque, atualmente, as inovações, processos e tecnologias podem ser de uso exclusivo de uma empresa ou compartilhados e ser disponibilizados de modo físico ou virtual.

As pessoas que criam as soluções, os fornecedores, os distribuidores e demais participantes da cadeia de valores podem ser terceirizados ou próprios, exclusivos ou não, mas devem estar comprometidos com a satisfação do cliente. O valor dos ativos físicos deve ser equilibrado com o dos ativos intangíveis, e os modelos de negócios devem prever culturas inovadoras e estruturas ao mesmo tempo disciplinadas e flexíveis.

Os líderes devem gerenciar os conflitos entre decisões de curto e longo prazos, produção e criação e entre estímulo à criatividade e estabelecimento de prazos, abrindo a organização para o livre fluxo de informação e interação com o ambiente externo ao formar parcerias com universidades, clientes e fornecedores para desenvolver a criatividade e a inovação. A empresa deve fomentar o contato direto com os clientes para intercâmbio de informações e troca de aprendizado, já que a maior parte das inovações provém da sua ajuda no desenvolvimento do produto.

As organizações devem flexibilizar as estruturas internas de modo a tirar vantagem das novas tecnologias e adotar mudanças no ambiente organizacional, adotando o trabalho em equipe, flexibilizando horários e leiautes, criando ambientes de interação e socialização e provendo experiências para estimular a experimentação e novos desafios. Devem evitar a rotina e a burocracia, estimulando a rotação do cargo (*job rotation*), o treinamento (*coaching*) e a mentoração (*mentoring*) para ampliar o potencial criativo e inovador.

Elas devem instigar a inovação a fim de evitar que o medo de mudar bloqueie a criatividade e a inovação organizacional e forme preconceitos contra a produção de novos conhecimentos, e de atrair talentos e premiar as iniciativas de inovação de modo a competir na Era do Conhecimento. Para facilitar, devem implantar sistemas de gestão usando as novas tecnologias a fim de organizar os conhecimentos adquiridos através dos anos e utilizá-los para a interação entre pessoas de diferentes unidades de negócio e entre empresas a fim de gerar inovação.

Ao mesmo tempo, devem avaliar os novos padrões e tecnologias e as modificações dos hábitos para detectar oportunidades de mudanças, de modo a motivar e apoiar os seus profissionais para o aprendizado e a produção de conhecimento estratégico. O foco deve se centrar na contratação de talentos e na melhoria dos processos internos para construir um conhecimento organizacional coletivo a partir da integração em fluxos criativos, inovadores e produtivos. Os líderes devem estar atentos para detectar talentos e descobrir a sua inserção na organização em busca da geração de valor.

A estrutura típica terá cada vez menos níveis gerenciais, haja vista que será baseada em informação e no conhecimento proveniente de especialistas. O emprego está se transferindo rapidamente de trabalhadores manuais e burocráticos para trabalhadores com conhecimento, que resistem ao modelo de comando e controle atualmente vigente, preferindo inclusive trabalhar em casa, por conta própria.

Enquanto no mundo atual os computadores são usados grande parte das vezes apenas para acelerar o processamento de dados convencionais, no futuro próximo o foco das empresas vai se transferir para o armazenamento de informações a fim de subsidiar os processos decisórios e a estrutura gerencial. A conversão de dados em informações relevantes e objetivas requer um conhecimento especializado. Por isso, a organização baseada em informação requer mais o trabalho de especialistas do que o de pessoas operacionais.

As atividades de pesquisa, desenvolvimento, fabricação e marketing passaram a ser feitas em sincronia e não mais em forma seqüencial, e os responsáveis por essas funções trabalham em equipe, desde a concepção até o lançamento do produto no mercado. Todos os projetos exigirão a formação de equipes multidisciplinares para apresentar soluções, impondo uma maior autodisciplina e responsabilidade nos relacionamentos e nas comunicações.

Nas organizações baseadas na informação, os objetivos são simples e claros, de modo a serem rapidamente traduzidos em ações conduzidas por especialistas que não recebem ordens nem seguem um roteiro predeterminado. Devem ser estruturados em torno de metas e traduzir as expectativas da gerência para o desempenho da empresa, incluindo um *feedback* organizado que compare os resultados de forma que cada membro possa exercer o seu autocontrole. A gerência define o fluxo de informações para que cada um saiba seus fornecedores e clientes internos.

Os executivos e os especialistas precisam avaliar constantemente as informações que recebem e que geram para mantê-las atuais e relevantes. A função de especialização, autogestão e interação exige profundas mudanças na estrutura hierárquica e ameaça os que trabalham nas funções de assessoramento operacional.

A organização baseada na informação apresenta problemas que devem ser resolvidos pela gerência, como o desenvolvimento de sistemas de reconhecimento e recompensa, porque as oportunidades de ascensão na carreira profissional ficam restritas basicamente a avanços dentro das especialidades, na medida em que haverá menos posições gerenciais.

Os valores e a estrutura de recompensa se alteram profundamente, pois, como o foco em projeto é compartilhado entre um grande número de especialistas, todos serão avaliados e recompensados por sua participação no projeto e sucesso do mesmo. As empresas utilizarão cada vez mais unidades de negócios autogovernadas com tarefas claras, liberando a alta gerência para a criação de uma visão comum entre os diversos participantes de um projeto e a realocação de especialistas em função das necessidades inerentes às fases do projeto.

A alta direção terá dificuldade na escolha dos gerentes e no planejamento da estrutura de recompensa, já que bons especialistas nem sempre são bons gerentes e não ter gerência não deve impedir que recebam recompensas melhores, pois cada um vai ser remunerado por sua participação, função, grau de responsabilidade e sucesso do projeto.

Desde o surgimento da empresa moderna, logo após a Guerra Civil nos EUA (1861-1865) e da Guerra Franco-Prussiana (1870-1871) na Europa, ocorreram duas grandes evoluções no conceito e na estrutura das organizações. A primeira fazia distinção entre administração e propriedade, definindo administração como um trabalho. A segunda era a organização de comando que enfatizava a descentralização por estruturas hierárquicas para gerenciamento de pessoal com centralização do controle geral. Atualmente entramos no terceiro período, que é a mudança da organização hierárquica escalonada em departamentos e divisões, para a organização baseada na informação dos especialistas do conhecimento.

O maior desafio da transformação organizacional é a incapacidade de muitas empresas de reinventar os seus setores e de estabelecer estratégias específicas. Muitas vezes, empresas líderes em um setor, como, por exemplo, a IBM, não percebem a inadequação de sua estrutura e cultura organizacionais, dos seus sistemas e das competências do seu pessoal para acompanhar as transformações do setor e despertam tarde demais para se reconfigurar e acompanhar as tendências do mercado. A transformação organizacional das empresas líderes é proativa e não reativa.

O futuro está impondo mudanças na definição das fronteiras entre os setores, ampliando as áreas de atuação das empresas, como foi o caso da Apple, que criou o setor de computadores pessoais, e da Time Warner, que passou a atuar nos setores de educação e entretenimento. A capacidade de inventar novos setores e reinventar antigos para se adaptar às constantes mudanças é uma precondição para permanecer na frente.

A transformação organizacional precisa ser proativa e direcionada por uma visão de futuro que inclua a maneira como a empresa deseja moldar o setor nos próximos anos, o que precisa fazer para garantir vantagem na evolução, que habilidades e recursos precisa desenvolver e como deve se organizar para aproveitar as oportunidades.

A premissa básica é de que uma empresa só pode controlar o seu próprio destino se compreender como controlar o destino do seu setor. Para não ser pega de surpresa, deve estar sempre preparada para capacitar seu pessoal, reformular seu portfólio de produtos, redesenhar seus processos e redirecionar recursos. Entretanto, a maioria das empresas só percebe a necessidade de reformular sua estratégia e reinventar seu setor quando o enxugamento dos investimentos e empregados e a reengenharia dos processos se mostram insuficientes para deter o declínio.

O foco da competição pelo futuro está na criação e no domínio das oportunidades emergentes, tendo por meta a criação de uma visão independente para o desenvolvimento de produtos e processos, abrindo novos caminhos. As empresas precisam compreender que a competição pelo futuro é diferente, e o seu sucesso vai depender da percepção e exploração das oportunidades antes dos concorrentes e da capacidade de superá-los para chegar primeiro sem correr muitos riscos.

Nessa visão de estratégia, a empresa precisa desaprender grande parte de seu passado para ter condições de descobrir o futuro, e tem por desafio o desenvolvimento de uma grande capacidade de previsão dos rumos dos mercados de amanhã. A competição não acontece apenas dentro das fronteiras dos setores existentes, mas visa à estruturação dos setores futuros. A liderança na formação das competências essenciais precede a liderança de produtos, já que a empresa é concebida como um portfólio de competências.

Para investir na previsão e liderança das competências essenciais, a empresa precisa aproximar-se dos concorrentes, já que a questão crítica não é tanto o tempo de lançamento do produto no mercado, mas a ocupação pioneira dos mercados.

O desafio que se apresenta é a reformulação da estratégia, a transformação do setor e a competição pela participação nas oportunidades. A mobilização para o futuro não é apenas competir dentro da estrutura existente do setor para a liderança de produtos, mas também competir para moldar a estrutura futura do setor e a liderança das competências essenciais. É preciso tanto maximizar a proporção de sucessos de novos produtos e minimizar seu tempo de entrada no mercado, como também maximizar a taxa de aprendizado de novos mercados e minimizar o tempo para a ocupação de mercados globais.

CAPÍTULO 3

Os Desafios da Mudança Organizacional

> *"Nos velhos tempos, as 'reuniões de estratégia' da empresa eram realizadas uma ou duas vezes ao ano. Agora, no mundo da eBay, as 'sessões de estratégia' são necessárias várias vezes na semana."*
> Meg Whitman (CEO da eBay)

A única forma de garantir o futuro de uma empresa é a sua capacidade de inovar melhor, de uma maneira mais contínua e por mais tempo que as concorrentes. A inovação é fundamental para o crescimento de uma organização em um ambiente competitivo na medida em que é um agente de mudança.

Para Peter Drucker, a inovação é "o esforço para criar mudanças objetivamente focadas no potencial econômico ou social de um empreendimento". Já o co-Presidente da Procter & Gamble, James M. Kilts, entende a inovação como "a consolidadora do valor total da marca para proporcionar valor ao consumidor e liderança de consumo de maneira mais rápida, melhor e integral que a concorrência".

A inovação faz com que as organizações, além de terem a oportunidade de crescimento ou sobrevivência, possam influenciar os rumos da indústria em que se inserem. Ao introduzirem mudanças no modelo de negócios e na tecnologia dominantes, as empresas têm a possibilidade de redirecionar os vetores da competição de todo um setor. Por causa disso, as empresas líderes estão sempre sofrendo pressão das concorrentes para apresentar inovações radicais, que são mais difíceis de criar e mais arriscadas.

A inovação é importante para a concretização do crescimento das receitas e dos lucros, seja pela criação de produtos, pela melhoria do relacionamento com fornecedores e clientes ou por empregados mais motivados. Como já vimos, não existe uma empresa capaz de crescer apenas com a redução de custos e a reengenharia dos processos. Os produtos da inovação são diferentes na medida em que cada uma delas tem uma combinação exclusiva de estratégia de inovação, organização, processos, cultura, conhecimento, sistemas de recompensas e indicadores de desempenho.

A fim de aumentar as suas oportunidades, as organizações devem fazer uma definição mais ampla do seu negócio. Walt Disney, por exemplo, em vez posicionar o seu empreendimento como uma empresa de entretenimento, definiu o seu negócio como "venda de sonhos", ampliando muito as suas possibilidades de crescimento. A partir dessa definição ampliada, entrou em quadrinhos, cinema, parques de diversões e venda de mercadorias tão diversas como lápis e cadernos, brinquedos, relógios, fantasias, roupas, sapatos e muitos objetos com a imagem de seus personagens.

Contudo, as empresas devem inovar não somente com a utilização de novas tecnologias, mas também usando novas ferramentas e criando novas idéias melhores e mais eficientes e de forma mais rápida a fim de entrar na competição nos dias atuais. Elas têm que acabar com todos os seus preconceitos e burocracias para poder se reinventar.

A revolução dos *softwares* dos computadores é um exemplo típico de introdução de mudança que provocou a total reconcepção das empresas. Hoje em dia, não se concebe pensar uma organização que não utilize *websites* em larga escala, em que os processos de negócio não sejam automatizados, que não contem com sistemas *on-line* para a comunicação entre os empregados e com seus parceiros, fornecedores e clientes e que a maioria dos treinamentos não seja *on-line*.

A interligação de tecnologia da informação e telecomunicações possibilitou que as empresas tivessem maior agilidade nas decisões tanto estratégicas como táticas, ao mesmo tempo que forçou uma maior autonomia dos empregados para tomar decisões, sem a utilização de intermediários. A tecnologia está tão avançada em inteligência artificial que já se criaram máquinas que também tomam decisão, de modo a reduzir o tempo para a solução de problemas, na medida em que os clientes não estão mais dispostos a esperar muito tempo, preferindo mudar de empresa se a demora acontecer com alguma freqüência.

3.1 ANALISANDO A ESTRUTURA E A CULTURA ORGANIZACIONAIS

A estrutura da empresa – pessoal, processo, tecnologia – deve facilitar a sua estratégia, e os gerentes devem especificar e diferenciar os relacionamentos com os clientes atuais e com os novos, com os funcionários, fornecedores e investidores. As estratégias de negócios de uma organização devem ser centradas no cliente e por isso devem envolver o fornecedor de modo a criar os valores desejados por eles. Também devem prever a formação de uma rede de relacionamento com o objetivo de alinhar alguns aspectos da empresa aos de seus clientes e fornecedores, devendo ser planejados e estruturados conforme os participantes da rede.

O pessoal da linha de frente da empresa deve ter habilidade para se comunicar com os clientes de modo a reconhecê-los, saber do seu histórico de contatos, entender seus problemas atuais, prever comportamentos e propor respostas, soluções ou sugestões apropriadas, envolvendo-se com os consumidores para criar valores novos e recíprocos. As pessoas devem trabalhar em equipes junto com os fornecedores e clientes e devem ser treinadas para a venda, atendimento e suporte aos clientes, de modo a desenvolver o novo valor desejado.

Os processos da empresa devem ser estruturados em torno dos clientes, respeitando suas especificidades, o que pode exigir mudanças substanciais. O estabelecimento de um relacionamento integrado alia várias tecnologias, processos e pessoas com as quais os clientes podem se relacionar e concentra informações sobre os clientes existentes, dando a cada um o valor que deseja.

O uso de tecnologia da informação nas comunicações externas deve facilitar a interação entre os consumidores individuais e a empresa para uma maior colaboração no projeto, desenvolvimento e teste experimental dos produtos e serviços, possibilitando comunicação mais rápida com clientes, parceiros e outros colaboradores como diretoria, funcionários, fornecedores, distribuidores e investidores. Nas comunicações internas, deve remover os empecilhos de funcionalidade dos diversos processos com que se deparam os clientes de modo a melhorar o atendimento dos centros telefônicos, acessos via Internet e equipes de venda externa, assim como melhorar as malas-diretas e a publicidade.

A tecnologia da informação empregada pela empresa deve dispor de grande capacidade de armazenamento de informações sobre os clientes, como comportamentos e preferências, dados demográficos, padrões de uso de produtos, freqüência de pedidos e lucratividade, dando opções de comunicação para ajudá-los a repetir a experiência de compra. Essa base de conhecimentos e percepções sobre os clientes possibilita a montagem de prognósticos e facilita ações para o aprimoramento do seu relacionamento com a empresa e para a venda de uma ampla variedade de produtos e serviços por catálogo, telemarketing e pelos meios de comunicação de massa.

A fim de conhecer sua situação, a empresa deve analisar seu nível de investimento em mudanças do modelo de negócios e de tecnologia, avaliando a adequação da mescla de inovação e do portfólio de investimentos em inovação incremental, semi-radical e radical. Deve observar as alavancas de mudança que estão sendo mais e menos utilizadas e, a partir daí, determinar as tendências de investimento de modo a otimizar o uso dos seus recursos internos.

Uma estrutura organizacional inovadora concentra-se na modificação dos seus modelos tecnológicos e de negócios e nas suas interligações, de modo a alavancar e coordenar mudanças para criar tanto rupturas como melhorias que proporcionem crescimento. As inovações disruptivas – que causam rupturas – tanto na tecnologia quanto no modelo de negócios alteram substancialmente o mercado e a concorrência e, por isso, são tão desejadas pela alta direção.

A inovação incremental é a forma predominante de inovação na maioria das empresas. Em geral recebe mais de 80% do investimento total, e é composta por pequenas mudanças em um ou dois elementos da cadeia de valor da organização. Representa uma maneira de extrair o máximo valor possível do modelo de negócio ou dos produtos e serviços existentes, sem fazer mudanças significativas ou grandes investimentos.

A inovação incremental é importante para a empresa se proteger da concorrência contra a redução da fatia de mercado e a perda de lucratividade. Sua escassez pode constituir-se em uma ameaça na medida em que permite que os concorrentes tirem proveito das inovações passadas e atraiam clientes usando tecnologias e modelos de negócios copiados. No entanto, muitas empresas investem recursos em excesso, desperdiçando tempo e recursos na proteção de produtos e serviços que não são mais competitivos ou que estão em mercados esgotados.

As empresas devem buscar equilibrar os seus investimentos com inovações semi-radicais e radicais, uma vez que as inovações incrementais criam valor para modelos de negócios e tecnologias já disponíveis, mas não trazem mudanças significativas de valor. Como as mudanças incrementais exigem um investimento pequeno, as empresas preferem concentrar seus recursos nelas em vez de empreenderem mudanças mais radicais, que são menos seguras já que são imprevisíveis e bloqueiam reformas potencialmente mais valiosas.

As vantagens proporcionadas pelas inovações incrementais são compensadas pelos concorrentes imediatamente após o seu lançamento, provocando uma corrida desenfreada em busca de melhorias para as empresas não perderem fatia do mercado ou lucratividade, uma vez que não conseguem se afastar muito da concorrência. As inovações mais substanciais é que proporcionam uma significativa vantagem competitiva na medida em que dificilmente conseguem ser copiadas de imediato.

A inovação semi-radical é constituída por mudanças substanciais que causam alguma ruptura no modelo de negócios ou em tecnologia, alavancando o ambiente competitivo. Como na inovação semi-radical as áreas de tecnologia e modelo de negócio estão inter-relacionadas, muitas vezes a mudança em uma área implica transformações na outra, provocando uma inovação de dois estágios. Contudo, algumas vezes as empresas apresentam problemas porque não estão preparadas na outra área, ficando impossibilitadas de prosseguir a mudança. Dessa maneira, esse tipo de inovação exige uma administração simultânea do modelo de negócios e tecnologia.

Um exemplo de mudança é dado pela percepção do Wal-Mart de um grande segmento de consumidores americanos que buscavam produtos de boa qualidade e baixo custo. Por isso, investiu em um modelo de negócios usado pelos supermercados de varejo aliado ao uso de tecnologia na sua cadeia de suprimentos, à parceria com fornecedores e à redução de serviços de modo a proporcionar a oferta de uma ampla variedade de produtos e uma redução radical dos preços para o consumidor final.

Já a inovação radical é constituída por mudanças substanciais que afetam simultaneamente o modelo de negócios e a tecnologia, transformando o cenário competitivo de um setor, na medida em que modificam as regras da competição. Elas são incentivadas pelo compromisso da alta direção ao disponibilizar recursos para sustentar essas idéias radicais e pela formação de parcerias com outras empresas, e são bloqueadas pelos riscos e pela dificuldade de implementar essas idéias na manufatura e na distribuição.

Um exemplo de inovação radical foi o lançamento das fraldas descartáveis na década de 1970, que revolucionou o setor de fraldas, uma vez que afetou os produtores e distribuidores de fraldas assim como modificou o negócio de setores inter-relacionados como indústrias têxtil, de papel e de plástico, as lavanderias e os produtos de limpeza.

Embora a inovação radical possa colocar a empresa em uma posição de liderança, as empresas precisam usar de cautela no porte dos investimentos destinados a elas, porque grande parte tem pouca probabilidade de retorno no curto prazo. Muitas vezes, quando as inovações são excessivamente radicais, estão baseadas em expectativas irreais de mudanças substanciais nos rumos de uma empresa que não está preparada para elas. Por isso, as empresas devem manter um portfólio equilibrado em inovações radicais, semi-radicais e incrementais, a fim de diversificar seus investimentos para que cada uma possa suprir as necessidades do negócio a curto e longo prazos.

Algumas inovações acabam fracassando por não conseguirem apoio interno para o investimento de recursos na fabricação e por aversão da empresa ao risco. O maior desafio das empresas maduras é conseguir rejuvenescer a criatividade sem colocar em risco sua capacidade de captação de valor. A maior resistência à inovação é apresentada pela própria cultura interna da empresa, na medida em que os empregados, que valorizam os produtos e serviços existentes, e a alta direção, que tem aversão ao risco, bloqueiam a implementação de novas idéias, particularmente quando são muito revolucionárias.

A cultura interna das empresas apresenta sinais claros de que está bloqueando a criatividade como um modelo organizacional com um portfólio composto quase exclusivamente por inovações incrementais, indicadores que usam basicamente medidas financeiras para avaliar a inovação mais em termos de eficiência do que com base no valor do portfólio de inovações e por gerentes que rejeitam novas idéias promissoras, criticando-as e sabotando-as, em vez de as divulgarem e patrocinarem.

O conhecimento da cultura local de uma região é fundamental para o sucesso de uma empresa que queira entrar no mercado global. Várias organizações faliram por tentar impor a sua cultura de origem aos funcionários locais e aos clientes, porque os valores das pessoas e as culturas só conseguem ser modificados de forma gradual algum tempo depois da implementação de inovações que mudaram a cultura local, uma vez que representam a sua própria identidade.

3.2 DEFININDO O PERFIL DAS PESSOAS E O PAPEL DA LIDERANÇA

As empresas que quiserem implementar inovações devem fazer um recrutamento criativo que encoraje a livre expressão das idéias dos empregados, a aceitação de novos talentos, a dissidência, a descentralização e a autonomia. Elas devem valorizar ações empreendedoras e a reinvenção, enxugando o número de empregados e de níveis hierárquicos e instituindo recompensas aos que se sobressaem. Também como devem estimular a criatividade e valorizar os que não se enquadram, o otimismo, as práticas e pensamentos novos, as novidades, a ação, a desordem, a desobediência; enfim, devem provocar uma "destruição criativa".

As mudanças organizacionais que ocorrem dentro de uma empresa requerem o envolvimento de todos os seus empregados, exigindo portanto modificações de comportamento, particularmente das pessoas envolvidas no projeto, e a criação de processos de modo que a informação permeie toda a organização. Uma empresa inovadora deve contar com pessoas de formações diversificadas, e muitas delas devem pensar radicalmente diferente do usual e não seguir ordens, principalmente não concordar com elas.

As empresas inovadoras devem contratar homens e mulheres de raças e culturas diferentes, provenientes de diversas áreas de atuação, com passado acadêmico distinto e que sempre questionem as regras estabelecidas. As pessoas criativas têm necessidade de gostar do que fazem e do ambiente em que trabalham, tanto no que se refere ao espaço físico quanto no que se relaciona aos demais membros do grupo do qual fazem parte, de modo que tenham liberdade para desenvolver suas idéias.

A chave das empresas inovadoras reside na montagem de uma equipe certa para desenvolver cada projeto, porque, como as pessoas mais criativas normalmente não são disciplinadas, necessitam que a liderança estabeleça metas. A montagem começa pela escolha do líder, que deve ter autonomia para escolher seu próprio time, de modo a criar uma identidade, e deve juntar profissionais que tenham boas idéias e os que são pragmáticos, com diversidade de especialidade, e realizar testes exaustivos para aprimorar essas idéias até conseguirem obter melhores resultados.

Uma equipe deve ser composta por especialistas e por profissionais com visão sistêmica, na medida em que estes conseguem avaliar o impacto de uma idéia nova nos produtos e serviços. Da mesma forma, deve contar com pessoas com mais experiência, porque têm habilidade para avaliar e acelerar o desenvolvimento de uma inovação, uma vez que já passaram por muitas situações diferentes.

Os jovens recém-formados também são importantes porque possuem conhecimentos sobre as últimas novidades em termos de tecnologia e modelos de negócio, não têm cacoetes, estão motivados e podem trazer novas abordagens para os problemas. Todos os empregados que fazem a interface direta ou indireta com fornecedores e clientes necessitam de informações adequadas no momento certo, o que implica a criação de um banco de dados poderoso e a coordenação de uma liderança executiva comprometida e disposta a investir para melhorar a interação com os clientes.

O líder precisa procurar sempre novos talentos, uma vez que vai depender das suas competências para o sucesso da empresa. Portanto, é fundamental mapear o perfil das pessoas de modo a alocar talentos criativos, observar como se relacionam com os outros para garantir a sua lealdade e analisar a taxa de evasão e o que a empresa faz para o desenvolvimento de novos talentos.

As organizações devem avaliar se possuem as pessoas certas e se elas estão alocadas corretamente a fim de obterem resultados criativos. O clima de intimidade do trabalho criativo exige pessoas que contribuam para o *mix* criativo, trazendo perspectivas de futuro e habilidades diferentes. Por outro lado, devem controlar o fluxo de talentos dentro e fora da empresa e recompensá-las adequadamente de modo a mantê-las e formar o seu comportamento. Uma parte da remuneração deve ser rateada entre a equipe, mas a outra deve privilegiar os responsáveis pela criação, desenvolvimento e comercialização das idéias, de forma a estimulá-los e motivá-los a compartilhar suas idéias.

As empresas também devem contratar pessoas que não se enquadrem nos modelos, quebrando regras, rompendo com o modelo vigente e mexendo nos padrões devido as suas habilidade e perspectivas de futuro. Devem promover seminários e treinamentos em gerenciamento de equipe e a formação de equipes multi e interfuncionais com habilidades lógicas, emocionais e detalhistas, na medida em que a diversidade possibilita a ampliação das capacidades.

É fundamental que as empresas descrevam seus processos organizacionais, experimentem novos fluxos e se atualizem a respeito de modelos de negócios e novas tecnologias. Devem implementar redes de computadores, correios de voz e eletrônico e sistemas de gerenciamento de conhecimento, de modo a aumentar a conectividade e interação, gerenciar a cooperação, treinar e manter redes de relacionamentos e criar novas capacidades de forma a aumentar suas possibilidades criativas.

O papel da liderança é de extrema importância na formação de uma rede de relações, porque o líder vai fazer a interface entre a empresa, clientes e fornecedores para a adequação dos recursos necessários. Da mesma forma, competem à liderança a adesão e o compromisso da alta gerência na implementação de uma cultura de aprendizado centrada no cliente, o estabelecimento de metas e objetivos, a condução do processo e a criação de incentivos para o compartilhamento das informações.

A liderança deve proceder a uma avaliação dos sistemas de relacionamento vigentes, tanto com os clientes como com os fornecedores, de modo a fomentar um fluxo contínuo de informações sobre as necessidades, preferências, transações e canais de comunicação mais utilizados pelos consumidores no tocante aos produtos da empresa, para que esta possa planejar e responder ao cliente no tempo adequado.

O líder também deve atuar no mapeamento do fluxo de informações, na criação de um banco de dados para seu armazenamento, na especificação das informações necessárias ao relacionamento com o cliente e na implantação de um sistema de resposta para a prestação de um serviço de qualidade ao cliente.

A liderança vai ser responsável pela definição de papéis e responsabilidades de cada participante e pelos métodos de operação das equipes e a interação entre os membros da empresa e com os clientes e fornecedores. Se for o caso, também pode implementar novas responsabilidades funcionais para melhorar a interação, marcando a presença da empresa na estrutura do cliente e do fornecedor. Enfim, vai conduzir todo o processo de relacionamento, planejando e implementando a cadeia logística necessária.

Da mesma forma, a liderança deve estabelecer uma visão de longo prazo para a inovação, a partir da estratégia de um portfólio de inovações. Deve imbuir os principais executivos da dinâmica da inovação, estimular projetos de criação, administrar as relações com parceiros externos, avaliar as implicações da inovação em iniciativas corporativas estratégicas e administrar o equilíbrio entre os negócios e as inovações tecnológicas, inclusive a dinâmica, o portfólio, os recursos e processos organizacionais.

Por outro lado, os executivos de nível médio devem ter o poder de decidir, definir critérios e adotar comportamentos de risco para sustentar os estágios iniciais do desenvolvimento, assim como dispor dos recursos necessários ao financiamento de idéias dotadas de algum potencial. Já o CEO precisa criar a cultura de inovação e sistemas de gerenciamento que viabilizem a concretização da autonomia de decisão de nível médio.

Os bons líderes sabem reconhecer os talentos e a adequação das suas habilidades e funções para um determinado grupo e não temem escolher pessoas com mais conhecimento que eles. Os líderes de equipes multifuncionais devem ter um excelente poder de comunicação, devem ser flexíveis, estimular a cooperação entre as pessoas e evitar contratar gente que não consiga trabalhar em equipe, assim como não devem impor regras para a criação, mas estabelecer metas e prazos.

Os líderes devem dar liberdade para que os pesquisadores escolham os projetos em que querem trabalhar, de modo que se sintam motivados porque refletem suas paixões pessoais, e apenas orientar sobre seus objetivos e metas, ao contrário do taylorismo, que dividiu as funções e especializou os trabalhadores, sem questionar as ordens dadas.

Nem sempre as pessoas mais bem qualificadas são as mais preparadas para exercer a liderança de uma equipe ou assumir uma gerência. Para ser líder, é necessário ter capacidade para lidar com pessoas com formações diversas e diferentes personalidades. As principais características da liderança são a escolha das pessoas certas para cada projeto, a alocação dos recursos certos, o incentivo à livre circulação de idéias e à transmissão das idéias entre as diversas equipes envolvidas em um projeto e o foco nos clientes e nos resultados.

3.3 INSERINDO CRIATIVIDADE E INOVAÇÃO NA ORGANIZAÇÃO

O desenvolvimento de uma estratégia e a elaboração de processos de inovação não são suficientes para incutir a mentalidade da inovação na cultura de uma empresa para escolher, elaborar e preparar a organização adequada e as pessoas certas para executar e intensificar a inovação, de modo a evitar bloqueios organizacionais. Essa postura exige o envolvimento da alta administração e investimentos especificamente destinados às inovações, balanceando criatividade e captação de valor, assim como processos de criatividade e de comercialização, de modo a avaliar, selecionar e priorizar as inovações de acordo com a sua perspectiva comercial.

Os processos de criatividade exigem um pensamento não-convencional, idéias brutas e refinadas, experimentação, ambigüidade e incerteza, pesquisa, intuição, surpresa, audácia, encontrar as coisas certas, perguntar e explorar o desconhecido, aproveitar as oportunidades, visualizar o futuro e estudar as opções para desenvolver inovações tanto incrementais quanto as mais radicais. Por sua vez, os processos de criação de valor utilizam pensamento convencional, engenharia e manufatura, precisão, compensações, compra e venda de idéias, fazer tudo certo, responder perguntas e verificar soluções, evitar riscos desproporcionais e levar o produto ao mercado.

A criatividade, como entendida por John Kao, é o "processo através do qual as idéias são geradas, desenvolvidas e transformadas em valor", o que inclui o significado que normalmente se atribui à inovação e ao espírito empreendedor. A criatividade seria a arte de lançar novas idéias, em conjunto com a disciplina de moldá-las e desenvolvê-las até gerarem valor, o que envolve uma mentalidade acolhedora, o uso intensivo de tecnologia da informação para incrementar a colaboração entre as pessoas e acelerar a execução e, em geral, um investimento alto e com boa dose de risco.

Enfim, a criatividade é entendida como inspiração e disciplina, apoiada, orientada e possibilitada por metodologias e processos para que chegue a uma ação que gera inovação. É um bem intangível que surge em mentes receptivas e imaginativas que criam novas perspectivas para as coisas, rejeitam limites, e é estimulada tanto pela paixão como pela fuga permanente da rotina, por um ambiente propício e pela crença em encontrar uma solução diferente.

As organizações se diferenciam pela quantidade de pessoas talentosas, uma vez que suas mentes estão sempre criando idéias sem a menor preocupação com sua viabilidade. Daí a necessidade de líderes flexíveis, mas que disciplinem impondo prazos e metas e projetando processos para transformar essas novas idéias em produtos e serviços. Como a criatividade é estimulada por um ambiente físico acolhedor e uma discussão aberta de idéias, é muito difícil gerenciá-la, e implica disponibilizar um lugar apropriado, distribuir recursos financeiros e de pessoal limitados e controlar um processo imprevisível.

Muitos executivos afirmam que a verdadeira força de uma empresa são as idéias, e acreditam que a capacidade de improvisar será a habilidade-chave das empresas no futuro. Jack Welch, ex-CEO da General Electric, disse em entrevista que seu trabalho era "ouvir, buscar, pensar e transmitir idéias, expor as pessoas às boas idéias e aos bons modelos porque quando vêem uma boa idéia as pessoas autoconfiantes a adotam".

Para conquistar uma vantagem competitiva, as empresas devem contratar pessoas de talento, mobilizando a criatividade, instigando sua imaginação, organizando processos facilitadores e criando ambientes estimuladores que garantam sua lealdade ao possibilitar oportunidades de usarem os seus talentos.

As pessoas criativas assimilam mais rápida, hábil e eficientemente do que as outras os conflitos que precisam ser resolvidos, as defasagens que precisam ser superadas, as conexões ocultas que precisam ser exploradas e os relacionamentos sutis e lucrativos que podem ser identificados pelas informações. Cada vez mais as empresas vão ser avaliadas não em função dos seus ativos físicos, mas do seu conhecimento proveniente da análise de situações, fatos, informações, dados de fontes internas e externas, de idéias e suas interligações e do valor percebido pelo cliente.

O processamento descontínuo e não-linear de dados leva à percepção de relações e conexões e à formação de critérios e conhecimentos que desembocam em idéias, criatividade e valor. Ao ampliar a capacidade de armazenamento das informações e facilitar a interação e a colaboração entre as diferentes áreas e especialidades, a tecnologia da informação estimula a inovação. Por outro lado, o crescimento por meio de eficiência, *rightsizing*, *downsizing* e corte de custos tem duração limitada e pode ser um desastre para a criatividade, uma vez que, em geral, resulta em desorganização.

Tradicionalmente, é na área de projetos que as pessoas têm mais liberdade de criação. Entretanto, hoje em dia, as empresas inovadoras modificam toda a sua estrutura e modelo de negócios para aumentar a integração com seus clientes e incorporar seus desejos no desenvolvimento de novos produtos. Muitas planejam integrar internamente todas as áreas envolvidas no projeto, desde a capacidade de fabricação à comercialização, modificando seu projeto, processos e até mesmo a organização inteira.

Atualmente, a missão, as metas, os produtos e os serviços, bem como a estrutura organizacional e a forma como a empresa busca oportunidades, são considerados em função da perspectiva de um projeto. O cliente é o chefe, escolhendo e exigindo, mas só é leal quando lhe convém, o que faz com que os líderes se preocupem em melhorar o acesso de todos da cadeia de valor a informações complexas. As empresas estão concentradas em alavancar seu capital criativo pelo aproveitamento do conhecimento disponível e da habilidade de seu pessoal para criar produtos e serviços inovadores.

As organizações estão desenvolvendo sistemas apenas para gerenciar seu conhecimento, compreender os desejos e as necessidades dos seus clientes, proteger patentes, documentar seus procedimentos e mensurar o valor do seu capital intelectual. Graças às tecnologias de informação e às telecomunicações, montam-se empresas virtuais apenas com a colaboração de mentes talentosas e a terceirização de processos e relacionamentos. Como a criatividade resulta da divergência, de ambigüidade, complexidade e improvisação, é muito estimulada pelo conhecimento multicultural disponibilizado na *web*.

Os líderes devem ter habilidades para lidar com as pessoas e estabelecer a direção, inspirando, ouvindo, facilitando e provendo, criando vínculos emocionais, de modo a encorajá-las a se identificar com a missão da empresa. Eles devem gerenciar a criatividade por meio da análise das últimas criações da empresa, da extensão da inovação – incremental ou radical – e do intervalo de tempo entre elas, do posicionamento em relação à concorrência, do contingente de pessoas criativas e do estímulo a sua permanência na organização. A partir dessa avaliação, devem estabelecer uma estratégia e indicadores para a mensuração da criatividade, estruturando e sistematizando processos criativos.

Os gerentes que quiserem estimular a criatividade devem definir o problema que exige solução e estabelecer os limites tanto em termos de escopo como de tempo de geração e implementação das idéias. Ao mesmo tempo, devem fornecer recursos para a equipe, defender a livre interação entre os membros, providenciar um local físico seguro e estimulante, criar expectativas, não estabelecer regras, mas cobrar resultados reconhecendo sucessos, e apoiando no fracasso.

Uma das ferramentas mais importantes do gerente é a boa comunicação, que deve ser usada para integrar a equipe, definir fronteiras, atribuir tarefas, monitorar o progresso, declarar expectativas e fornecer informações, sempre respeitando as idéias de cada membro do grupo. O gerente é responsável pela sincronia de cronogramas, horários e prazos, pelo mapeamento das capacidades criativas, pela avaliação das forças e fraquezas de suas competências e pela criação de uma filosofia para o projeto, de forma a atrair pessoas criativas para participar do grupo.

Uma empresa criativa deve estabelecer uma grande conexão entre os seus diversos níveis, formando uma rede para a intercomunicação, através da disponibilização de correio de voz e sistemas *on-line* acessíveis a todos os envolvidos, sem respeitar as hierarquias formais. As empresas devem criar redes de comunicação informais, interligando a organização formal e informal de modo a estabelecer uma cultura de interação entre as áreas.

A criatividade, hoje em dia, estabelece um diferencial para as organizações conquistarem vantagem competitiva; por isso, as que quiserem ter sucesso precisam de capital, matéria-prima, tecnologia e processos, mas também de imaginação, inspiração e iniciativa. Após as eras da agricultura, da indústria e da informação, estamos entrando na era da criatividade, em que as empresas são obrigadas a se reinventar rapidamente para crescer e usam muita tecnologia da informação na sua evolução.

A tecnologia da informação alterou profundamente a natureza da colaboração. Hoje em dia, milhares de pessoas em todos os lugares do mundo, independentemente de posição social ou do cargo que ocupam, têm acesso a uma infinidade de informações e idéias devido à capacidade de armazenamento proporcionada pelos computadores. Essas tecnologias de conexão, que juntam computador, Internet e telecomunicação, facilitam e agilizam os processos e melhoram os relacionamentos, ao possibilitar a interação das pessoas em tempo real. Auxiliada por sistemas gerenciais, a criatividade vai transformar esses conhecimentos em valor.

Nos seus estágios iniciais, a empresa está focada na criação de produtos e serviços novos e aperfeiçoados. Já nos estágios posteriores de crescimento e maturidade, a melhoria do processo de executar, entregar e vender o portfólio de produtos e serviços diminui o impulso à criatividade, que vai paulatinamente sendo substituída pela crescente captação de valor devido à dificuldade da implementação de novas idéias.

As empresas que estão entrando no mercado valorizam muito a criatividade, e estão inclinadas a implantar idéias mais radicais, a fim de alavancá-las com maior rapidez em direção a uma vantagem competitiva mais duradoura. Entretanto, à medida que crescem, aprendem a equilibrar seus processos criativos com sólidas capacidades de comercialização para a sua sobrevivência. Quando amadurecem, enfatizam a comercialização, visando à lucratividade, à utilização de ativos, ao gerenciamento de capital e à eficiência, valorizando mais o processo de captação de valor.

CAPÍTULO 4

Os Diferenciais Competitivos

*"O verdadeiro segredo de uma empresa bem-sucedida
é montar a equipe certa para desenvolver cada projeto."*
Chad Holliday
(CEO da Dupont)

As empresas estão sendo bombardeadas por mudanças na dinâmica competitiva, como a criação de novas tecnologias, o fim da lealdade do cliente, modificações demográficas, e nas expectativas em relação ao trabalho, fazendo com que tenham que reinventar sua missão no mercado se quiserem sobreviver. Os responsáveis pelas tomadas de decisão, em especial os líderes, precisam estimular o desenvolvimento de idéias e a inovação, de modo a implementarem mudanças substanciais a fim de aumentar a geração de receita.

Por sua vez, os empregados também querem fazer trabalhos criativos e ter liberdade da supervisão para desenvolver as idéias e empreender soluções inovadoras baseadas em fatores característicos da criatividade, que são a imaginação, a inspiração, a engenhosidade e a iniciativa. As pessoas criativas costumam trabalhar melhor com diversão e liberdade e com o prazer resultante da capacidade de proposições criativas para a geração de novos produtos.

Após analisarem o que está acontecendo ao redor do mundo, avaliarem as ameaças e oportunidades que se apresentam e mapearem as novas tecnologias disponíveis no mercado, as empresas investigam as que podem servir aos seus objetivos. Depois disso, examinam sua estrutura e cultura organizacionais, definem o perfil mais adequado para os seus empregados e o papel que os seus líderes têm que desempenhar até chegar à conclusão de que têm que estimular a criatividade e a inovação para serem bem-sucedidas. É chegada a hora de estabelecer o diferencial competitivo que vão implantar.

A primeira tarefa dos líderes deve ser a definição das estratégias e objetivos das empresas e a reestruturação do ambiente organizacional, tendo em mente a criação de estruturas flexíveis a fim de que estejam sempre preparadas para as mudanças que ocorrem em um intervalo de tempo cada vez menor. Como conseqüência direta, torna-se fundamental a introdução de novas capacidades e de competências mais aderentes ao novo ambiente, que, como já vimos, deve estimular e recompensar a criatividade e a inovação e salvaguardar a empresa de qualquer bloqueio organizacional que possa atrapalhar o ritmo das suas transformações.

4.1 ESTABELECENDO OBJETIVOS E ESTRATÉGIAS

O ponto de partida para qualquer projeto é a definição da estratégia da empresa, porque é ela que vai estabelecer o seu negócio, a visão, a missão, os objetivos, as capacidades e competências para atingir as metas estabelecidas.

Em um mundo em permanente mudança, a maioria das quais estrutural, torna-se difícil estabelecer estratégias e objetivos. Ricardo Amaral é um dos exemplos de empresário que sempre modificou os seus negócios em função das transformações do mercado. Desde que começou suas atividades, já foi proprietário de tobogã, boliche, pista de patinação no gelo, *drive-in*, creperia, pizzaria, teatro, boate, restaurante, academia de ginástica e empreendimento imobiliário.

A estratégia da empresa deve prever a formação de uma rede de relações e abordar fatores como os clientes que serão atendidos, seus vínculos com a organização, os produtos e serviços que serão ofertados ao cliente e de que forma e padrão, e os objetivos a serem alcançados a fim de conseguir benefícios mútuos. Também deve abordar as capacidades exigidas da organização, particularmente em termos de pessoal, processos e tecnologia, garantindo sua disponibilidade em escala e qualidade suficientes, de modo a desenvolver novos produtos para oferecer aos clientes o valor que desejam e gerar lucratividade para a empresa.

A estratégia das empresas visa simplificar os produtos, serviços e processos, enfatizando a parceria delas com fornecedores e clientes, de modo a personalizar os produtos com mais agilidade e ofertá-los aos mercados. Dessa forma, o cerne da estratégia das empresas é a seleção dos seus clientes prioritários e o mapeamento das suas capacidades necessárias ao atendimento das expectativas deles.

A forma como muitas empresas elaboram sua estratégia está tão desatualizada quanto a sua estrutura. Contudo, para enxugar e adequar uma organização, é preciso reunir uma combinação de inteligência, criatividade e imaginação coletiva de gerentes e empregados que tenham uma visão ampliada do significado de estratégia.

As estratégias devem determinar o volume de inovações necessário, as áreas que devem focar a inovação e os tipos de inovação indispensáveis, no que se refere tanto a modelos de negócios e tecnologias quanto ao misto ideal de inovações incrementais, semi-radicais e radicais. A alta direção é que define o rumo e a magnitude dos esforços de inovação da empresa, sinaliza sua importância e facilita a sua execução, identificando as competências necessárias, de modo a alinhá-las com as inovações e com a estratégia.

A estratégia de inovação depende da existência de um plano de ação transparente, de maneira que as pessoas na organização a entendam e se engajem no processo. Precisa dar sustentação ao modelo de negócios e ter flexibilidade para se adaptar às condições mutantes do mundo atual, modificando-se em função das oportunidades e ameaças que aparecerem. Desse modo, o volume e o tipo da inovação – incremental, semi-radical e radical – irão variar de acordo com a estratégia e com o ambiente competitivo.

Na elaboração dos planos de ação, o CEO deve identificar o tipo de estratégia de inovação mais adequado à empresa, se "Jogar para Ganhar" ou "Jogar para Não Perder", levando em conta a estratégia de negócio, os ambientes competitivos e as capacidades de inovação. Ele também vai definir o equilíbrio do portfólio de inovação que vai suportar a estratégia e o misto de mudança de modelo de negócios e de tecnologia assim como o misto de inovações incrementais, semi-radicais e radicais.

Também é o CEO que vai especificar a quantidade de inovação que vai suportar a estratégia, definir as prioridades e compensações dos investimentos em inovação e comunicar os objetivos à equipe que gerencia as inovações, de forma que elaborem os seus planos operacionais e façam diagnósticos para avaliar a situação das mudanças por meio de indicadores de desempenho. A partir daí é que vão ser configuradas as decisões de baixo escalão relacionadas ao desenho da organização, ao desenvolvimento e à implantação de redes de inovação e à definição de indicadores de desempenho e dos incentivos necessários para impulsionar a inovação.

A organização pode optar por dedicar a maior parte de seus recursos a um determinado setor ou espalhá-los, criando um portfólio diversificado de investimentos em inovação. Segundo Davila, Epstein e Shelton, as estratégias de "Jogar para Ganhar", "Jogar para Não Perder" ou um misto alternado das duas vão ser definidas em função da situação e dos recursos e capacidades internas das empresas e de seus parceiros.

Normalmente, alterações no comando das organizações implicam mudança da estratégia, processos de inovação e portfólio de investimentos de acordo com o perfil do novo administrador. As empresas de grande porte, como são mais consolidadas e dispõem de grandes recursos, podem ter um portfólio de investimentos mais diversificado em termos de inovação de modo a reduzir significativamente seus riscos.

A adoção da estratégia "Jogar para Ganhar" tem por objetivo a criação de vantagens competitivas tão expressivas que os concorrentes não consigam igualar com facilidade e rapidez. É uma estratégia de liderança de mercado, baseada em inovação semi-radical ou radical, usada para transformar a empresa ao oferecer idéias e produtos revolucionários ao mercado. As mudanças tecnológicas e de modelo de negócios recebem investimentos suficientes para superar os concorrentes ou enfraquecê-los com o lançamento repetido e freqüente de blocos de diferentes tipos de inovações – incrementais, semi-radicais e radicais.

É típica de grandes empreendimentos baseados em novidades de alta tecnologia devido ao alto risco, por isso deve ser conjugada a mudanças incrementais, de modo a arrecadar receita para custear as inovações radicais. Tem um índice elevado de fracasso em empresas pequenas.

Quando as condições internas ou externas são adversas, muitas vezes é melhor adotar a estratégia de "Jogar para Não Perder", pelo menos temporariamente, usando basicamente inovação incremental, apenas para se manter à frente dos concorrentes e esperar uma oportunidade melhor para radicalizar a inovação. No caso de competição intensa, situações indefinidas ou quando a cultura organizacional bloqueia a inovação, é a melhor estratégia. Normalmente inclui mais inovações tecnológicas no portfólio e tem em vista a permanência da organização no mercado, empreendendo ações rápidas com riscos calculados para surpreender os concorrentes.

A empresa não deve adotar essa estratégia se quiser mudar para "Jogar para Ganhar" e se depender de inovações semi-radicais ou radicais, porque seus recursos e competências podem não estar preparados para competir com esses outros tipos de inovação. Normalmente as empresas que adotam essa estratégia têm aversão ao risco e não estão dispostas a ser pioneiras no lançamento de inovações mais radicais e de risco, mesmo quando puderem proporcionar uma importante vantagem competitiva.

A estratégia "Jogar para Não Perder" nem sempre é utilizada para seguir os líderes. Pode alternar ações ativas e reativas a fim de forçar os concorrentes a gastar acima de suas possibilidades. Entretanto, quando os seguidores são habilidosos e rápidos, podem ter mais sucesso que arriscar o pioneirismo, já que aperfeiçoam suas capacidades de copiar e melhoram as práticas das empresas que "Jogam para Ganhar", particularmente nos processos de desenvolvimento de produtos, distribuição e marketing.

Os líderes têm que escolher a estratégia de inovação mais adequada para sustentar o negócio da empresa, decidindo entre "Jogar para Ganhar" ou "Jogar para Não Perder", mas de qualquer modo devem consolidar um portfólio de investimentos equilibrado de inovações incrementais, semi-radicais e radicais. Da mesma forma, são responsáveis pela definição do misto de mudança de tecnologia e modelo de negócios e suas implicações no comportamento que se espera dos participantes, comunicando a estratégia por meio de diferentes canais, de modo a impedir que bloqueios da cultura organizacional limitem o valor dos investimentos em inovação.

Já o CEO deve acompanhar a implementação da estratégia de inovação que definiu para avaliar se o tipo que escolheu, o equilíbrio do atual portfólio e o volume dos investimentos em inovação são suficientes e feitos nos momentos certos. Ao mesmo tempo, deve verificar se o desempenho da inovação como suporte à estratégia está adequado e se os funcionários a entenderam a ponto de executá-la com rapidez, de forma melhor e a um custo mais baixo do que a concorrência.

No caso da inovação radical, tanto a ausência como o excesso de inovação ou o investimento em momento inadequado podem conduzir ao fracasso, devido aos riscos envolvidos. O sucesso da inovação exige uma estratégia claramente definida que esteja de acordo com as condições reais da empresa.

A estratégia "Jogar para Ganhar" deve ser desenvolvida para manter a lucratividade concomitantemente à reestruturação dos processos de inovação e à criação de produtos novos e melhorados. Por isso, a organização deve estabelecer prioridades transparentes em matéria de inovação e torná-las conhecidas por todos, identificando o que não irá mudar com a melhoria da inovação. Com o passar do tempo, a estratégia de inovação precisa de ajustes devido às mudanças nos fatores internos e externos que afetam sua escolha e o formato do seu portfólio.

O sucesso do atual modelo de negócios pode acabar por se transformar em obstáculo à inovação se mantiver a mesma distribuição de recursos econômicos nos projetos e orientação estratégica de inovação que pode não ser a mais adequada ao estágio da evolução. As atuais parcerias e capacidades para acessar a rede externa, assim como as ações da concorrência e as mudanças na estrutura do setor e em sua cadeia de valor, também podem representar ameaças ou oportunidades em termos de inovação.

A definição da melhor estratégia de inovação a ser implementada depende do gerenciamento de risco, que é determinado pelo tipo e amplitude do portfólio de inovação. As inovações semi-radicais e radicais estão presentes em maior número em empresas empenhadas em liderar e até revolucionar o setor, uma vez que, apesar de representarem um risco maior, criam mais valor. Essas organizações utilizam as inovações incrementais para gerar lucro para ser investido nas inovações mais radicais.

A indústria farmacêutica, de modo geral, investe muito em inovações semi-radicais e radicais, buscando manter um fluxo muito veloz de produtos novos, já que precisa de inovações disruptivas para ter uma folga maior em relação aos concorrentes. As empresas do setor investem muito em pesquisa e desenvolvimento e na comercialização de novos produtos, porque poucos têm um sucesso mais duradouro, como o Viagra, para tratamento de impotência, e o Lipitor, para redução do colesterol. Além do mais, sofrem uma vigilância severa da Food and Drug Administration (FDA), responsável pelo controle de drogas nos Estados Unidos.

A fim de criar vantagens competitivas, as empresas devem criar um portfólio de inovações mais equilibrado, desenvolver novos modelos de negócios, mudar a cadeia de suprimentos e melhorar os níveis dos serviços, de modo a se aproximarem mais dos clientes, em vez de se preocuparem apenas com as inovações tecnológicas. A alta direção das organizações deve definir e comunicar de maneira clara a estratégia, o modelo e o tipo de portfólio de inovação para que os empregados possam executá-la.

Segundo Tom Peters, as organizações inovadoras devem acabar com seus departamentos, comprar Pesquisa & Desenvolvimento, recrutar os melhores pagando as melhores remunerações do mercado, mudar as atribuições dos altos executivos a cada três anos e estimular cada unidade de negócio a formar equipes com pessoal de primeira linha.

Para Peters, a alta direção das empresas deve salientar, nos seus programas de treinamento, as excentricidades e as diferenças, deve buscar fornecedores e clientes com mentalidade aberta e diversidade de empregados com idéias contraditórias e fora do comum, de modo a estar sempre estimulando a criatividade e a imaginação. O foco da organização deve ser a tensão e não o consenso, na medida em que as diferenças ajudam a criação de algo revolucionário em relação aos outros.

A diversidade é uma vertente da criatividade, por isso as organizações devem contratar empregados e formar parcerias com gente de fora que, comprovadamente, tenha gerado bons resultados nos seus trabalhos. A empresa também deve ter flexibilidade para dar autonomia aos seus empregados para realizarem suas atividades e formar uma rede para estimular a interação entre os participantes internos e externos da cadeia de inovação.

A gerência deve determinar o composto de clientes que serão atendidos pela empresa e desenvolver uma estratégia específica para cada cliente prioritário, alinhando as suas estratégias às necessidades deles e implementando capacidades, processos e comunicação de aperfeiçoamento para aumentar a lucratividade dos clientes.

A empresa inovadora tem por objetivo aprimorar a visão que os clientes e os fornecedores têm dos seus produtos e serviços, da sua marca e do seu pessoal. Dessa maneira, deve se estruturar para se orientar para os clientes, fazendo parcerias com universidades, fornecedores e com os próprios clientes para criar valor mútuo e garantir a satisfação de todos os envolvidos.

4.2 REESTRUTURANDO O AMBIENTE ORGANIZACIONAL

Após analisar a estrutura e a cultura organizacionais, estabelecer seus objetivos e escolher a estratégia que vai utilizar, definir o perfil das pessoas com as quais quer contar e o papel da liderança, a empresa vai definir as áreas em que pretende inovar, os processos e metodologias de trabalho e os mecanismos de avaliação de projetos e pessoas.

As organizações também têm que se preocupar com a criação de um ambiente agradável e que tenha comunicação aberta entre todas as áreas, e estimule e motive as pessoas a criar com satisfação e interatividade. Muitas empresas inclusive reservam espaços para a montagem de ambientes lúdicos para brincadeiras e jogos, atividades de lazer, desportivas e relaxantes, e uma cafeteria para os empregados comerem e, ao mesmo tempo, interagirem com outras pessoas. Em algumas empresas, como a Microsoft, os empregados podem escolher entre trabalhar em casa ou no escritório, de bermudas e chinelos e na companhia dos seus animais de estimação.

Algumas empresas montam salas separadas para as equipes criativas, enquanto outras preferem criar grandes ambientes abertos para que todos possam interferir, inclusive nas soluções dos problemas que os outros estão enfrentando. Algumas organizações são construídas em espaços amplos, com locais arborizados, semelhantes a um campus universitário. Todas, entretanto, devem dispor das últimas versões das tecnologias de informação e telecomunicação para trabalhar interligadas em tempo real, particularmente as que mantêm filiais espalhadas pelo mundo todo.

Tom Peters defende que as empresas atuais tenham um perfil do que ele chamou de "modelo de firmas de serviços profissionais", em que 100% do trabalho se transforme em projetos de alto valor agregado. Nesse modelo, as empresas fazem uma transformação departamental radical, destinando seus melhores talentos e projetos aos clientes pioneiros porque são revolucionários, já que pensam bem diferente do usual.

Nesse modelo, as "firmas" buscam grandes talentos, dando liberdade para desenvolverem suas idéias, e os promovem, de modo a transformar idéias ousadas, criativas e revolucionárias em realidade, agregando valor aos clientes. Para tanto, transformam departamentos em unidades de negócio e implementam uma metodologia que investe nas especialidades da empresa e acaba com as áreas mais fracas.

A filosofia subjacente é a de que todo o trabalho tem que ter quem pague por ele, interna e externamente, senão não vale a pena ser feito. As unidades de negócio, que Peters chamou de firmas de serviços profissionais, precisam passar no teste do mercado, procurando alguém disposto a pagar pelo serviço que fazem. Uma empresa só consegue mudar se os seus líderes e empregados tiverem uma atitude que suporte a transformação de sua estrutura em unidades de negócio autônomas, semelhantes às do modelo.

No entanto, algumas mudanças são fundamentais, como a transformação de centros de custos em centros de lucros e o foco nos clientes e não nos procedimentos para maximizar a geração de valor agregado. A contratação de pessoas talentosas deve ser acompanhada de uma atitude de liberdade para trabalhar, seguindo a inspiração e não executando tarefas solicitadas, de modo a estimular a criação de projetos totalmente novos e surpreendentes.

As organizações devem promover uma completa transformação empresarial e não apenas aperfeiçoamento de eficiência, criando profissionais "orgulhosos" do seu trabalho e não indivíduos "escravizados" em cubículos, estimulando a criação de coisas novas e não a conservação das antigas. Como é uma mudança profunda, requer uma atitude de comprometimento da direção e de compromisso dos empregados de fazer o melhor de forma espontânea, sem ser por solicitação corporativa ou pela implantação de um programa que pode levar anos e não vai conscientizar as pessoas da mudança.

O melhor procedimento para equilibrar processos criativos e comerciais é composto por cinco etapas. Na primeira etapa, desenvolve plataformas, uma para cada tipo de inovação que se pretende implantar, e fornece as bases da inovação, integrando as unidades de negócios e proporcionando uma perspectiva sobre seus valores. Na segunda, cria portfólios de projetos em cada plataforma, subdivididos por área, que devem ser revistos para garantir alinhamento e equilíbrio entre os mercados de criatividade e comercialização. Na terceira, forma parcerias e redes de interação internas e externas.

Na quarta etapa, garante mercados abertos e transparentes para a criatividade e a comercialização, com a promoção de eventos para todos os empregados, de forma a criar uma cultura de inovação na organização. Na quinta e última, protege contra os bloqueios organizacionais que limitam ou acabam com mercados e processos criativos.

A fim de implementar a inovação, a empresa necessita criar plataformas de inovação, com redes de pessoas compartilhando informações sob a supervisão de gerentes nessas plataformas. As plataformas de inovação são unidades organizacionais de rede que direcionam recursos a áreas específicas, dando oportunidade à organização de compartilhar tanto operações quanto inovações, e proporcionando canais para a comunicação e colaboração necessárias aos projetos.

As plataformas incluem: amplas áreas de inovação que direcionam as atividades com mudanças de tecnologia e do modelo de negócios, assim como do portfólio de inovações incrementais, semi-radicais e radicais. Cada plataforma é dotada de redes interconectando pessoas, de dentro e fora da organização, que possam contribuir com a criação, seleção, desenvolvimento e implementação de idéias para solucionar os desafios comerciais e técnicos.

As equipes que trabalham nas plataformas são formadas por pessoas de várias especialidades e recebem recursos consistentes com a estratégia de inovação e sua importância para o desempenho da organização. São avaliadas e recompensadas de modo a estimular um comportamento proativo para alcançarem os resultados pretendidos e ajudar no combate dos bloqueios organizacionais. As plataformas são suportadas por sistemas de gerenciamento que promovem e utilizam o aprendizado e a mudança para aperfeiçoar todos os aspectos da inovação – estratégia, processos, organização e recursos.

As organizações devem ser reestruturadas em portfólios de projetos, aprovados nos ciclos de gestão, e gerenciados por diversos instrumentos de gerenciamento de projetos. Eles podem ser organizados por área, tecnologia ou com foco na determinação de prazos e na realocação integrada de recursos baseada no balanceamento das necessidades de curto e longo prazos e na diferenciação da empresa no mercado.

A gestão de portfólio de projetos deve ser transparente, integrada e sistematizada de forma a criar, eliminar, priorizar, alocar e realocar recursos, estabelecer responsabilidades, gerenciar riscos e definir o engajamento de terceiros, sempre em alinhamento com os objetivos estratégicos da organização. O uso de uma abordagem holística e sistêmica possibilita o gerenciamento de milhares de projetos com uma visão clara da ligação entre eles e os objetivos de negócio. Ao mesmo tempo permite a priorização daqueles de maior relevância estratégica ou potencial de geração de valor, balanceando objetivos diferentes de curto e longo prazos e considerando o risco. As grandes empresas geralmente são conservadoras, e tendem a valorizar o retorno de curto prazo sobre o valor de médio e longo prazos, devido aos riscos associados.

Os projetos têm que ser gerenciados de maneira integrada a fim de otimizar os resultados da organização, viabilizando os objetivos estratégicos e garantindo a competitividade e o crescimento sustentado de toda a corporação. A lógica da formação dos portfólios é a de agregar itens que compartilhem afinidades gerenciais e recursos por suas características, tendo por objetivo obter coerência, controle e sinergia.

Os processos de decisão da gestão de portfólio incluem a definição de uma estratégia de portfólio alinhada à empresarial, a identificação de oportunidades, a categorização, priorização, avaliação e seleção de projetos e o balanceamento do portfólio. As atividades de gestão são seu acompanhamento, o monitoramento do seu desempenho e dos indicadores de geração de valor, a percepção e adoção de mudanças para a correção de discrepâncias, o relato do desempenho do portfólio de projetos e a sugestão de adaptação da estratégia à alta direção.

A organização deve estabelecer um conjunto de critérios para a avaliação dos projetos cujo número vai variar de acordo com o tamanho e a estratégia da organização. A maioria dos indicadores é qualitativa, como o alinhamento estratégico, a contribuição para a diferenciação, a urgência, o aumento na fidelidade do cliente, a contribuição para a redução de defeitos e a probabilidade estimada de sucesso. A empresa pode montar uma matriz para a avaliação dos projetos, analisando os indicadores estabelecidos e seus respectivos pesos para a escolha e a priorização dos investimentos, usando diferentes técnicas para a otimização da alocação.

A definição dos critérios e seus pesos para posicionar os projetos nas matrizes do portfólio incorpora uma visão social e política do mundo e desafios empresariais muito específicos, alguns dos quais tendem a valorizar projetos mais facilmente quantificáveis ou mais alinhados com o negócio da empresa.

A gestão de portfólio deve considerar o vínculo dos projetos com a estratégia da empresa, tanto no sentido de cima para baixo (*top-down*) – utilizando visão, metas e planos estratégicos da organização para criar um plano de negócios com definição das prioridades de alocação de recursos para projetos – como no sentido de baixo para cima (*bottom-up*) – indutivo e distribuído na organização por meio da proposição individual dos indicadores de alinhamento dos projetos.

Como a gestão de portfólios centraliza o processo decisório e a alocação de recursos na visão atual das organizações, corre o risco de perder flexibilidade e conhecimento local, dificultando a priorização da decisão de investimento entre projetos de inovação de melhoria operacional, da gestão ou da gestão de pessoas. A disputa por orçamento e recursos para os projetos começa nos níveis mais altos da organização, daí a necessidade de a gerência ter uma visão muito clara de todos os fatores sociais e políticos que influenciam a alocação de recursos.

As organizações devem manter um portfólio equilibrado com inovações incrementais, semi-radicais e radicais. Por isso, devem garantir a livre geração de idéias, com o compromisso de que sejam submetidas a uma avaliação criteriosa, e estabelecer um mecanismo paralelo ao do processo orçamentário para identificar idéias promissoras, criando o espaço necessário para seu desenvolvimento.

Ao mesmo tempo, devem desenvolver novas plataformas para expandir suas capacidades, implantando a interconexão de redes em parceria com universidades, fornecedores e clientes a fim de alavancar recursos para explorá-las. Devem criar incubadoras para administrar essas redes, examinar suas possibilidades comerciais e relacioná-las com os negócios existentes e projetados. As empresas também devem verificar as patentes concorrentes, reavaliar periodicamente as alocações orçamentárias em reuniões com a participação de vários níveis da organização e desenhar novos sistemas de avaliação e recompensa.

A estrutura organizacional para a inovação varia de acordo com os tipos de inovação que a empresa quer implementar em busca de recursos adicionais como idéias, especializações e diversidade. Por isso, a empresa deve escolher entre, internamente, fortalecer P&D, estabelecer centros de excelência, criar unidades de negócios autônomas e utilizar incubadoras, e externamente terceirizar ou fazer parcerias com fornecedores, clientes e universidades.

Apesar de a terceirização de determinadas funções de inovação agilizar o processo de inovação, a organização precisa comprometer recursos seus diretamente no grupo para levá-lo ao próximo nível de trabalho. A inovação está presente em doses diferentes em toda a organização, em diferentes momentos, de acordo com o planejamento estratégico e a decisão de investimento. Uma grande vantagem competitiva pode ser obtida com as parcerias, desde que haja um planejamento integrado para a resolução de conflitos, já que elas envolvem diferentes culturas, objetivos, indicadores de desempenho e incentivos.

A equipe gerencial da inovação deve ser formada por altos executivos de diferentes áreas, como tecnologia, marketing e operações, e por alguns parceiros externos, e é responsável por analisar as idéias radicais, selecionar as que têm maior potencial, providenciar financiamento e comercializar, o que requer poder de decisão e uma interconexão de rede bem desenvolvida para agilizar o processo.

A organização deve promover a inovação mediante a utilização de múltiplos grupos com culturas e processos diferenciados, atuando em diferentes tipos de projetos, e deve manter em separado as inovações radicais e as incrementais. Esse modelo costuma ser bem-sucedido porque tipos diferentes de inovação requerem tipos diversos de sistemas, recursos e culturas.

O funcionamento em separado de equipes de inovação mais radicais cria condições e incentivos para quebrarem as regras vigentes, ao mesmo tempo que as protege dos bloqueios organizacionais. Contudo, as equipes precisam ter acesso aos cérebros e recursos do conjunto da organização para não ficarem isoladas da organização e depois terem dificuldade na obtenção de recursos e financiamento.

O processo de inovação exige uma mudança significativa na maneira de pensar e no suporte do comando da organização para acabar com as resistências, realocar recursos e demonstrar que a inovação é um produto natural do perfeito equilíbrio entre processos criativos e captação de valor. As resistências surgem quando a mentalidade de manutenção da maneira de fazer domina o processo decisório e pune os fracassos que, de modo geral, estão atrelados às inovações mais radicais.

Na medida em que as empresas colocam o foco das avaliações e recompensas na eficiência de curto prazo, fazendo uso de indicadores financeiros para avaliar seu desempenho, não existe um comprometimento da alta direção com a inovação, que é tratada como algo separado e não como uma atividade cotidiana.

4.3 INTRODUZINDO NOVAS CAPACIDADES E COMPETÊNCIAS

Após a reestruturação do ambiente organizacional, procede-se à avaliação das atuais capacidades e competências da empresa em comparação com as que são necessárias, de modo a preencher as lacunas existentes para implementar a estratégia de inovação estabelecida.

Hoje em dia, a não ser o trabalho de pessoas criativas, todas as competências necessárias estão direta ou indiretamente atreladas às capacidades da tecnologia da informação, na medida em que envolvem sistemas de gestão, processamento e armazenagem de informações sobre os clientes, inter-relacionamento dos processos da organização e integração dos participantes das cadeias de valor através de eficientes redes de interconexão.

As empresas precisam definir a estrutura dos arquivos de informação sobre os clientes, especificando a forma de extração dos dados, na medida em que devem abrir os sistemas para os clientes e fornecedores, formando uma rede de relações. Dessa maneira, o cliente passa a fazer parte do processo de criação dos produtos, colaborando no seu desenvolvimento e interagindo para atingir o objetivo máximo de qualquer relacionamento, que é a partilha de valor recíproco para as partes envolvidas.

A revolução tecnológica provocou drásticas reduções nos custos de obtenção, processamento e transmissão de informações, alterando a maneira de se fazer negócios. Cada vez mais tempo e capital de investimento são absorvidos pela tecnologia da informação, que não pertence mais somente ao processamento eletrônico de dados ou aos departamentos de sistemas de informações, uma vez que as empresas utilizam a informação para obter vantagem competitiva.

Por isso, os executivos estão se envolvendo diretamente no gerenciamento das novas tecnologias, criando redes de interconexões cada vez mais convergentes, interligadas e abrangentes, de modo a processar todas as informações que são criadas e utilizadas pelos negócios. A formação dessas redes envolve não só computadores como equipamentos de reconhecimento de dados, tecnologias de telecomunicações, automação industrial e outros *hardwares*.

As responsabilidades pela gerência da tecnologia da informação devem ser distribuídas entre os diversos sistemas da empresa – gestão da produção, de pessoas, de qualidade, do relacionamento com os clientes e vários outros –, sob a supervisão de uma gerência geral que vai assegurar as interligações entre as diversas informações. O gerente geral dos sistemas de informações fica com a responsabilidade pela coordenação da arquitetura e dos padrões das muitas aplicações através da organização, assim como pelo provimento de assistência e acompanhamento do desenvolvimento de todos os sistemas.

A revolução da informação está ocasionando o surgimento de novas atividades ao tornar alguns negócios tecnologicamente viáveis, criando demandas derivadas para produtos anteriormente usados apenas internamente nas organizações e novos negócios a partir dos negócios antigos. As novas tecnologias têm possibilitado a muitas empresas vender para terceiros sistemas que criam apenas para as suas próprias operações de modo a atender suas necessidades internas.

Para competir na era da informação, as empresas têm que avaliar a intensidade das informações existentes e potenciais sobre os produtos e processos de suas unidades de negócios e determinar como a nova tecnologia poderá afetar a estrutura do setor. Também têm que identificar e classificar as formas como a tecnologia da informação pode criar vantagens competitivas ao afetar as atividades da cadeia de valor, e se poderá gerar novos negócios a partir dos existentes. Enfim, devem desenvolver um plano de ação para capitalizar a revolução da informação, analisando as mudanças organizacionais que ocorreram devido à interligação das atividades dentro e fora da empresa.

A revolução da informação está afetando a competição ao mudar a estrutura do setor e, conseqüentemente, as regras da competição ao criar vantagens competitivas, por proporcionar às empresas novas formas de superar os seus rivais e ao originar negócios completamente novos, começando, freqüentemente, dentro das operações já existentes na empresa.

A tecnologia da informação está mudando a maneira como as empresas operam, afetando todo o processo de criação e reformulação dos produtos. Atualmente, qualquer atividade que as pessoas exerçam exige um nível de conhecimento de tecnologia da informação, obrigando as pessoas de diversas especialidades a ter pelo menos algum aprendizado sobre as novas capacidades dos computadores.

Um negócio é lucrativo se o valor que gerar exceder os custos de execução de sua cadeia de valor. Para obter vantagem competitiva sobre seus concorrentes, uma empresa tem que ou executar essas atividades de valor a um preço menor ou executá-las de uma maneira que conduza à diferenciação.

A cadeia de valor de uma empresa é um sistema de atividades interdependentes relacionadas aos insumos, recursos humanos e tecnológicos e infra-estrutura, que são conectadas por ligações de tal modo que a maneira como cada atividade é executada afeta o custo ou a eficiência das outras. Essas ligações requerem que as atividades sejam coordenadas para serem otimizadas e a empresa obter vantagem competitiva. As atividades de valor primárias são as envolvidas na criação física do produto, no marketing, distribuição, venda e suporte pós-venda.

Por sua vez, a cadeia de valor de uma empresa de um setor está embutida em uma corrente mais ampla de atividades chamada de sistema de valor, que inclui as cadeias de valor de fornecedores dos insumos, dos distribuidores dos produtos e dos clientes. Existem ligações entre as atividades de valor de uma empresa que criam interdependência entre a sua cadeia de valor e as dos seus fornecedores, distribuidores e clientes.

De acordo com Porter, a vantagem competitiva em custos é uma função da cadeia de valor de uma empresa, já que os custos refletem o custo coletivo de executar todas as suas atividades de valor em comparação ao dos seus rivais. Já a capacidade de diferenciação do produto reflete a contribuição de cada atividade de valor no preenchimento das necessidades do consumidor, que, por sua vez, dependem tanto do impacto do produto como de outras atividades como a logística e os serviços pósvenda.

Em busca de vantagens competitivas, as organizações se diferenciam em escopo competitivo em quatro dimensões: segmento, grau de integração vertical, área geográfica e setor. No escopo vertical, uma empresa pode explorar os benefícios potenciais da execução de um número maior de atividades internamente em vez de utilizar fornecedores externos.

Quando o escopo é amplo, permite que a empresa explore inter-relacionamentos entre as cadeias de valor que atendem a diferentes setores e áreas geográficas. Por exemplo, duas unidades de negócios podem compartilhar uma força de vendas ou podem coordenar as atividades de compra de componentes comuns. Já ao selecionar um escopo estreito, a empresa pode personalizar sua cadeia de valor para servir melhor a variedades particulares de produtos, compradores ou regiões geográficas, focando um segmento-alvo em particular, a fim de alcançar custos menores ou diferenciação.

A tecnologia da informação está permeando a cadeia de valor em cada um dos seus pontos, transformando a maneira como as atividades de valor são executadas e a natureza das interligações entre elas, afetando o escopo competitivo e reformulando o modo como os produtos atendem às necessidades do cliente. Cada atividade de valor cria e usa informações de algum tipo na sua execução, tendo um componente físico, que são as tarefas, e um processador de informações, que são os passos necessários à coleta, manipulação e canalização dos dados.

A rápida redução dos custos de armazenamento, manipulação e tramitação das informações e o aumento dos limites do que é viável em processamento de informações modificaram o ritmo das mudanças tecnológicas. Essas modificações, por sua vez, afetaram todas as atividades de valor, desde a possibilidade de usar um projeto assistido por computador no desenvolvimento tecnológico até a incorporação da automação nos depósitos das empresas.

Se, em um primeiro estágio, as organizações utilizavam tecnologia da informação para agilizar funções burocráticas repetitivas, atualmente seu uso está se espalhando por toda a cadeia de valor, controlando e otimizando as funções, na medida em que está gerando mais dados e aumentando o número de variáveis que uma empresa pode analisar e controlar. Dessa forma, está modificando a maneira como as atividades individuais são executadas em função do aumento da capacidade da empresa de explorar e criar interligações entre suas atividades internas e externas, e possibilitando que as empresas coordenem melhor as suas ações com as de seus clientes e fornecedores.

Os sistemas de informações atuais também permitem que as organizações coordenem as atividades de valor em locais geográficos remotos por meio da criação de novos inter-relacionamentos, ampliando o número de setores em que têm que competir para alcançar vantagens competitivas.

Atualmente, a maioria dos produtos tem um componente físico e um de informação, que é o que o consumidor precisa saber para obter e utilizar o produto de modo a alcançar o resultado desejado. Por isso mesmo, há uma tendência em direção à expansão do conteúdo informativo nos produtos, devido aos custos decrescentes e à capacidade crescente da tecnologia.

Como conseqüência direta, a tecnologia da informação está transformando não só os produtos e processos como a natureza da competição ao modificar as regras de três formas: pela alteração da estrutura dos setores – ao possibilitar que os concorrentes imitem as inovações estratégicas das empresas líderes, por se constituir em uma poderosa alavanca para as empresas criarem vantagem competitiva, e ao dar origem a negócios completamente novos.

Cinco forças competitivas coletivamente determinam a estrutura de um setor: os poderes dos compradores e fornecedores, as ameaças dos produtos substitutivos e das empresas que entram em uma área e a rivalidade entre os concorrentes existentes. Ao criar a necessidade e a oportunidade para mudanças, a tecnologia modifica a estrutura de muitos setores, assim como os relacionamentos entre fornecedores, distribuidores e clientes, uma vez que afeta as interligações entre eles e deles com as empresas. Estão se tornando comuns sistemas de informação que atravessam várias empresas, particularmente os que conectam clientes e fornecedores.

A crescente flexibilidade na execução de muitas atividades de valor possibilitada pela tecnologia da informação, combinada à redução de custos nos projetos dos produtos, deu às organizações uma série de oportunidades de personalizar produtos para pequenos segmentos do mercado.

A tecnologia da informação modifica a competitividade de qualquer empresa tanto em termos de custo como de diferenciação dos produtos e serviços, na medida em que afeta as próprias atividades de valor, ao permitir que obtenham vantagem competitiva. Ela pode reduzir os custos ao alterá-los em qualquer parte da cadeia de valor, ampliar a diferenciação ao tornar possível a personalização dos produtos e modificar o escopo competitivo ao alterar o relacionamento entre o escopo e a vantagem competitiva.

A revolução da informação está criando inter-relacionamentos entre setores que antes eram separados. Ao se fundirem as tecnologias de computação e de telecomunicações, criou-se uma convergência que provocou mudanças profundas na estrutura de todos os setores, na medida em que essa conexão ampliou as linhas de atuação das empresas e auxiliou na segmentação das suas ofertas de uma forma que antes só era possível quando focalizavam uma única área. A tecnologia da informação, em conjunto com a de telecomunicações, modificou todo o quadro das competências que se exigem dos novos empregados, mudando inclusive o local de trabalho, com a criação do emprego virtual.

CAPÍTULO 5

O Diferencial da Criatividade

"Gosto de pessoas radicais, que pensam diferente, gente que não segue ordens com facilidade."
Chad Holliday (CEO da Dupont)

Já de algum tempo se observa que mudanças de todos os tipos são uma constante no mundo atual, e, por causa disso, as empresas são forçadas a se modificar permanentemente, de modo a permanecerem no mercado. Essas transformações obrigam as organizações a flexibilizar suas estruturas e a contratar empregados criativos e motivados, com o intuito de absorverem essas modificações de uma maneira mais tranqüila, já que elas podem ser não apenas incrementais, mas também radicais, afetando tanto as tecnologias como os modelos de negócios.

Estamos em uma época em que a estabilidade da estrutura organizacional das empresas acabou, e, conseqüentemente, também se modificaram as habilidades e tarefas exigidas dos empregados, particularmente em função do surgimento das grandes novidades tecnológicas. Dessa forma, as empresas que não tiverem competências para criar uma estrutura que estimule a criatividade dos seus empregados para implementar inovações terão dificuldades de se manter em funcionamento.

No momento atual, sistematicamente, aparecem novos paradigmas que exigem novas soluções para velhos problemas ou resoluções totalmente inovadoras que requerem a formação de equipes multifuncionais, reunindo pessoas com conhecimentos nas áreas mais diversas para se chegar a um bom resultado.

Para fazer frente às pressões ambientais, as organizações se vêem obrigadas a uma atuação mais agressiva, envolvendo decisões rápidas e, por conseguinte, maiores riscos. Por outro lado, para atender às mudanças no mercado de trabalho ou mesmo às suas próprias exigências e à necessidade de bons resultados, têm que se programar para situações novas e buscar na criatividade formas de antever e solucionar problemas e inovar o mercado.

Atualmente, a criatividade é fundamental tanto para a satisfação das pessoas como para a sobrevivência das empresas. Ela se desenvolve a partir das experiências, inclinações, habilidades, desejos e preocupações das pessoas, mas em uma empresa deve ser gerenciada por executivos com mente aberta para as inovações.

No entanto, desde cedo, tanto a família como a escola e a comunidade estabelecem regras para moldar os indivíduos por meio da socialização e bloqueiam a expressão das personalidades, características e necessidades individuais em prol do coletivo para preservação da sociedade, o que, na maioria das vezes, acaba por cercear a prática da criatividade. As instituições inibem o potencial criativo, favorecendo a passividade e o conformismo, em uma tentativa de padronizar as atitudes das pessoas para que não questionem as normas e tradições estabelecidas pelos grupos sociais.

As empresas precisam encontrar formas de estimular a criatividade de seus empregados, tanto despertando sua motivação como incitando-os a romper com o pensamento tradicional vigente e impelindo-os para a implementação de soluções diferentes e criativas. A criatividade é o principal fator da inovação e, portanto, é fundamental para o estabelecimento de uma empresa inovadora.

5.1 TRABALHANDO A MOTIVAÇÃO

O primeiro elemento a ser trabalhado é a motivação dos empregados, porque ela é a força que move as pessoas, iniciando, mantendo e direcionando o seu comportamento para um resultado imediato ou final de satisfação, de modo que alcancem seus objetivos.

As pessoas reagem de diversas maneiras diante de uma situação nova em que são obrigadas a mudar: ou elas fogem – no caso, preferem sair da empresa –, ou ficam paradas – deixam de fazer suas atividades à espera de uma ordem superior – ou agem – procuram melhorar por meio da aquisição de novas habilidades e competências e propõem novos trabalhos ou novas maneiras de fazer o que fazem.

A motivação é obtida por meio da satisfação das necessidades internas das pessoas, da confiança de que se fizerem um bom trabalho serão recompensadas diretamente, pelo reconhecimento público, aumento de salário ou promoção, ou, indiretamente, através da melhoria da qualidade de vida, como o trabalho em casa, um carro para uso pessoal ou um horário flexível para ter mais tempo para a família.

As principais motivações do ser humano para criar ou fazer alguma coisa que queira são a liberdade de ação e o sentimento de utilidade, tanto na esfera da vida familiar quanto na vida profissional. A maioria das pessoas tem necessidade da estabilidade de um emprego, e, por causa disso, grande parte procura fugir da rotina e está constantemente se atualizando e aprendendo novos conhecimentos e tecnologias, não só para a ascensão profissional como para o crescimento pessoal.

As empresas empreendedoras, que querem estar sempre à frente dos concorrentes, têm necessidade de ter um corpo de funcionários criativos. Afinal, para acompanharem o ritmo, precisam de empregados que sejam estimulados pelas constantes mudanças que estão ocorrendo na atualidade. Precisam que sejam criativos, pensem diferente, sejam sensíveis, ao mesmo tempo idealistas e determinados, e, principalmente, que possuam uma grande capacidade de improvisar, particularmente diante de situações adversas.

As pessoas criativas são extremamente curiosas, não resistem às novidades, são entusiasmadas, ousadas, e ficam mais motivadas a cada desafio que as obrigue a fugir do pensamento usual e a criar uma solução fora do comum para um problema. Elas buscam informações das áreas mais diversas, da mais complexa às mais simples, para agregar aos seus conhecimentos, de modo que possam inter-relacionar os dados e criar novas idéias e respostas bem diferentes e originais para os desafios que se apresentarem.

Aliás, os empregados criativos são movidos a desafios. Dessa forma, quanto mais difícil for o problema e mais esforço exigir para alcançar um bom resultado, maior será o seu grau de satisfação. Eles estão sempre procurando novas maneiras de fazer os seus trabalhos, pesquisando novas teorias e novos autores ou buscando novos trabalhos em áreas que não conhecem, e adotam uma postura de desconhecimento e questionamento, a fim de manterem a mente sempre pronta para as novidades que surgirem.

Os psicólogos que aplicam testes de admissão no recrutamento de novos empregados para as empresas observam a facilidade que as pessoas criativas têm de ver milhares de coisas nas planilhas com as manchas dos testes de Rorschach. Atualmente, é muito pouco provável que as organizações que não tenham talentos criativos para desenvolver produtos, serviços e processos novos, mas apenas copiem as invenções das empresas líderes inserindo pequenas melhorias permaneçam no mercado.

Uma vez motivadas, as pessoas estão preparadas para exercer a sua criatividade, eliminando qualquer idéia preconcebida que tenham a respeito das pessoas e coisas e exercitando o livre pensamento, em que tudo pode ter amplas possibilidades de ser qualquer coisa que se queira e milhares de serventias.

A criatividade produz continuamente experiências e situações sem precedentes consistindo em um avanço para o novo. A maneira mais direta de desenvolvê-la é praticá-la, imaginar incontáveis soluções para problemas específicos, vencer a ansiedade e aproveitar os momentos férteis. Aliás, pessoas criativas são ansiosas.

Uma das características do processo criativo é a ambivalência, a alternância de pensamentos ora positivos ora negativos até chegar a uma síntese, devido ao trabalho concomitante dos dois hemisférios do cérebro humano, que armazenam e processam diferentes tipos de informações.

Por um lado, o hemisfério esquerdo, que cuida da parte prática e realizadora do cérebro que, geralmente é a dominante na nossa cultura. Ele está voltado para os aspectos práticos, racionais, analíticos, cognitivos, verbais, numéricos, lineares, lógicos e seqüenciais das coisas. Do outro, o hemisfério direito, responsável pela parte sonhadora e inovadora, que lida com os aspectos inconscientes, estéticos e interpessoais, mais relacionado às atividades criativas, intuitivas, emotivas, experimentais e não-verbais e que usa a imaginação para fazer analogias e combinar idéias.

O hemisfério esquerdo é pautado pela lógica, conhecimento, exatidão e normas, utilizando o intelecto e a objetividade nas suas análises e avaliações. O hemisfério direito orienta-se pela intuição, experimentação, emoção e simbolismo, utilizando a subjetividade, a abstração e a imaginação nos seus julgamentos.

Na criação de alguma coisa, ambos são utilizados de formas diferentes, de acordo com a personalidade de cada pessoa, para resolver problemas ou para a implementação de soluções que fujam dos padrões usuais. Os dois se complementam, na medida em que apresentam duas facetas bastante diferentes de uma mesma questão, já que os processos, produtos e serviços são pensados tanto em termos de funcionalidade e utilidade como de simbologia e representação.

O próprio ser humano sabota a criatividade, colocando bloqueios que podem ser tanto internos – em função da sua socialização – quanto externos – derivados da cultura, sociedade e situação em que ocorrem os problemas. As pessoas precisam ter consciência e usar de empenho e persistência para vencer seus bloqueios. De forma geral, o ser humano se equilibra entre as sensações de medo e rejeição, pelo lado negativo, e de aprovação social, sucesso, amor e amizade, pelo lado afirmativo. O suprimento dessas sensações estimula ou arrefece a competitividade e, como decorrência, a criatividade.

As pessoas reagem ao ambiente de forma positiva ou negativa, aceitando ou fugindo dos desafios e riscos. Dessa forma, ficam cada vez mais voltadas para a originalidade e criatividade, buscando a ruptura das regras e convenções estabelecidas pelos grupos sociais ou, muito pelo contrário, procuram enquadrar-se para serem aceitas e aprovadas socialmente e adquirirem respeito e prestígio.

5.2 EXERCITANDO A DESCONSTRUÇÃO DA MENTE

Os líderes de equipes de criatividade devem propiciar aos seus empregados um ambiente de trabalho acolhedor para ativar sua imaginação e ampliar a percepção dos participantes, estimulando-os a abandonar idéias preconcebidas e bloqueios, adotando uma mente de aprendiz de maneira a aumentar as possibilidades de resoluções criativas.

Os membros do grupo devem procurar inspiração fora do ambiente de trabalho sobre coisas bem diversificadas, mesmo que não tenham nenhuma ligação com o produto que pretendem gerar, a fim de romper com as ligações que estabelecem habitualmente como relações causa-efeito e entre palavras e objetos, imaginando novos objetos e novas relações em uma imagem mental.

Também devem estimular a fantasia e o imaginário criando devaneios coletivos e evitando métodos preestabelecidos para improvisar. A criatividade está presente tanto na geração como na seleção, no desenvolvimento e na implementação de idéias. Nos exercícios de *brainstorming*, as pessoas falam tudo que lhes vem à cabeça, sem objetivo ou propósito, depois todos analisam e selecionam as idéias mais viáveis de implementação, em função dos recursos e capacidades da empresa e das solicitações do mercado. A concentração e o foco no problema muitas vezes bloqueiam o raciocínio, a visão de imagens e as experiências inconscientes.

Idéias criativas também surgem do conflito de contribuições divergentes. As fontes externas acrescentam novos valores, assim como mentalidades e imaginações de outras culturas diferentes da nossa maneira de pensar, nos pondo em contato com o novo. Vários fatores devem ser combinados, como o interesse, a intuição, o desejo e o entusiasmo. As mentes têm que estar abertas, sem preconcepções e predispostas para harmonizar conflitos e ambigüidades, sem ter medo de arriscar, uma vez que a mescla desses elementos encoraja invenções ao estimular motivos para a criatividade. O exercício de imaginar o futuro em um horizonte de tempo de um século também é um bom estímulo. Filmes como *Guerra nas Estrelas* e *ET*, por exemplo, fizeram isso, e não aconteceu nada do que imaginaram, pelo menos não nesse horizonte de tempo.

Nos negócios, a precondição mental para a criatividade é ter uma mente de aprendiz, aberta a novas concepções, já que a concentração e o foco no problema limitam o raciocínio, enquanto o absurdo e a inteligência estimulam a pensar de maneiras bem diferentes das usuais, fugindo do conhecido, dos "fatos e dados", da forma "correta". Assim, os líderes devem estimular a pesquisa com pessoas estranhas e a fazer jogos de palavras.

As pessoas criativas não estão atrás de certezas, respostas lógicas, praticidade, respeito às regras e de evitar erros e bobagens, mas de tentar compreender problemas de outras áreas de conhecimento nas quais não são especialistas e examinar outros ângulos e possibilidades para resolver uma questão. Entretanto, evitam criar qualquer tipo de bloqueio mental que atrapalhe a percepção e a absorção de novos conhecimentos porque querem oferecer novas respostas. Essa capacidade de improvisação é a competência que está presente nas empresas de sucesso nos dias atuais. Exemplo de criatividade é o das pessoas que tocam músicas usando instrumentos musicais improvisados como copos cheios com quantidades distintas de água.

Os pensamentos não têm que obedecer a uma lógica predeterminada porque não existem normas e regras a seguir. Não existe uma resposta única para um problema, mas diversas visões dele. As pessoas têm que pensar de uma forma diferente da usual e romper com os padrões existentes, imaginando como as coisas poderiam ser diferentes do que são. A pergunta básica que se faz é "e se...".

O início dos processos criativos geralmente é visionário e implica a ruptura com as normas e o trabalho com o imponderável, deixando a imaginação correr frouxa, sem interrupções, por mais maluca que a idéia possa parecer. Por exemplo, quem poderia imaginar usar cravo para afastar as formigas ou água gelada para aliviar as dores de uma queimadura por água quente?

A criatividade é um exercício de colocação e resolução de questões, de julgamentos em que são examinados os dois extremos de um problema. Uma situação que mostra claramente o exercício da criatividade é quando um grupo de pessoas recebe uma comunicação que não ficou clara e analisa a mensagem tentando imaginar o que o emissor quis dizer, em que cada um tem uma visão completamente diferente.

Não é à toa que o jogo de palavras, a entonação e a pontuação são recursos muito utilizados na publicidade, na medida em que incitam as pessoas a imaginar o verdadeiro sentido ou o que o autor pretendeu dizer. Outras figuras usadas pela criatividade nas comunicações publicitárias são a metáfora e a metonímia, uma vez que também estimulam os ouvintes/leitores a pensar. Foram recursos muito utilizados pelos compositores na época dos governos militares no Brasil para fugir da censura.

Outro fator que estimula a arranjar uma saída criativa é o erro. Muitos sábios dizem que se aprende mais com os erros do que com os acertos, na medida em que, na investigação sobre o momento em que ele foi cometido, descobre-se uma série de outras coisas que podem ser testadas e feitas de maneira diferente. Fazendo uma analogia com o nosso dia-a-dia, é só pensar em quantas vezes procuramos alguma coisa que perdemos e achamos outra que estava sumida há tempos e da qual nem nos lembrávamos mais. Outro caso é a diferença da lógica interna das pessoas nos inter-relacionamentos e associações de idéias que fazem devido à diversidade de suas vivências e experiências.

A melhor maneira de lidar com bloqueios mentais é começar a brincar com "idéias malucas", fora do pensamento normal, de modo a romper com o raciocínio lógico ao qual se está habituado, para baixar as defesas. É só lembrarmos do exemplo dado pelas crianças, cuja imaginação é fértil para inventar desculpas para ludibriar os pais.

Lembro-me da lógica irrefutável de uma resposta do meu filho, naquela fase da infância em que não se gosta de tomar banho, quando insisti para que tomasse uma ducha após jogar uma partida de futebol com os amigos. Segundo ele, como já tinha tomado banho antes de jogar bola e como o suor é água, logo, se o corpo está limpo, a água que sai de um corpo limpo também está limpa. Assim, não havia necessidade de tomar mais um banho. Existe uma lógica mais criativa?

Todos têm que procurar conhecer outras especialidades diferentes das suas para tentar sair do foco. Quem tem astigmatismo sabe bem que a percepção das coisas muda muito com e sem o uso de lente corretiva. Outro bom exercício para estimular a criatividade é colocar-se na posição do outro, pensando no que ele gostaria de fazer.

A mudança de foco é uma boa postura para ampliar os horizontes de conhecimento. Exemplificando: de modo geral, cientistas sociais são pouco objetivos no exame dos fatos porque têm sua preocupação voltada para seus reflexos na vida das pessoas, enquanto acontece exatamente o contrário com os de formação em ciências exatas. Por causa disso devem trabalhar em equipe, de modo a suprirem essas deficiências mútuas quando da criação de alguma coisa.

Como são curiosas, as pessoas criativas costumam procurar informações sobre as idéias que têm em mente em diferentes lugares e situações e em diversas fontes como a leitura de livros, jornais e revistas, perguntas a pessoas de várias áreas ou pesquisas em museus, livrarias e lojas para ampliar sua visão do problema. Elas costumam observar a reação dos indivíduos diante das situações, tanto as esperadas quanto as não-esperadas. Um bom exemplo é dado pelo programa de televisão *Câmera Indiscreta*, que lidava com a reação das pessoas em situações inesperadas.

Outra maneira de aprender é pelo estudo da história de modo a examinar como os problemas foram resolvidos no passado. Por exemplo, como os egípcios construíram as pirâmides com os recursos daquela época? Todas as experiências são válidas para o aprendizado de alguma coisa, mesmo as mais lúdicas, como brincadeiras, programas de televisão e filmes, particularmente quando envolvem situações-limite como sofrimento, medo e surpresa. As pessoas devem olhar o "óbvio" como algo complicado e invisível.

As empresas devem estimular as pesquisas para a modificação dos padrões de resposta. Um bom exemplo de transformação é o do movimento artístico do Cubismo, que desconstruiu e inverteu as formas. A observação das obras de Picasso mostra como ele coloca as formas em lugares diferentes do original e monta um grande quebra-cabeça nas suas pinturas e esculturas, inclusive usando objetos diferentes como violão e garrafa para constituir uma figura, como em uma colagem.

As organizações que quiserem inovar devem estimular seus empregados a subverter a lógica das coisas, quebrando normas e paradigmas, alterando padrões, juntando coisas que são separadas e separando as que são conectadas, brincando com as diferenças, assim como devem impedir qualquer forma de preconceito para que modifiquem sua maneira de encarar pessoas, objetos e idéias exercitando sua imaginação.

Depois de exercitar a criatividade pensando em novas maneiras de solucionar problemas, de explorar todas as esferas e níveis do conhecimento, de lidar com o impensável e imaginar coisas fantásticas, está na hora de selecionar as idéias viáveis e transformá-las em realidade. A partir desse momento, os líderes devem juntar todas as demais áreas da empresa, assim como também fornecedores e clientes, a fim de viabilizar o projeto e comercializá-lo para a geração de valor.

5.3 ESTIMULANDO A CRIATIVIDADE

Todos os empregados da empresa, assim como clientes e fornecedores, devem ser encorajados a participar das inovações, na medida em que elas surgem dessas interações e de constantes experimentos. Se todos participarem internamente dos projetos, os mais criativos vão se destacar, e a organização poderá aproveitá-los. A criatividade não depende de inteligência, experiência ou idade, assim como não é bloqueada pelo exercício de atividades rotineiras e repetitivas, mas depende da cultura da empresa.

Após a identificação dos funcionários criativos, a empresa deve estimulá-los e apoiá-los, ministrando treinamentos especiais e criando planos de carreira específicos. A política de estímulo à criatividade vai depender dos aspectos culturais e da estrutura das organizações, assim como da criação de processos inovadores para filtrar as idéias que podem ser aproveitadas. No caso de aprimoramento de produto, os fornecedores e os clientes podem ser grandes parceiros no processo de inovação.

O teste de idéias revolucionárias deve ser feito com "clientes empreendedores". Os "clientes seguidores" só devem ser consultados para melhorias dos produtos atuais, uma vez que querem apenas ter suas necessidades mais bem atendidas, mas não estão prontos para novas propostas. As empresas não devem abandonar as inovações incrementais, já que atendem ao mercado atual, mas também têm que investir em inovações revolucionárias para serem pioneiras, de forma a não perder espaço para a concorrência ou mesmo ficarem de fora em uma nova estruturação do mercado.

Embora envolvam grandes investimentos e riscos, as inovações radicais trazem retornos bem maiores que as incrementais. Pesquisas de especialistas detectaram que mais de 70% dos produtos lançados no mercado são extensões de linhas e pequenas melhorias. Entretanto, os produtos totalmente inovadores respondem por mais de 50% da receita e dos lucros, e em muitos casos uma ou duas idéias podem pagar por um programa inteiro de inovação devido ao elevado valor que geram para as organizações. Esse é o caso da linha de cosméticos Ekos, da Natura, que não agride o meio ambiente e que pouco após seu lançamento já respondia por mais de 25% do lucro da empresa.

As inovações radicais nem sempre trazem benefícios a curto prazo, mas melhoram o posicionamento da empresa a longo prazo. Por isso, as organizações têm dificuldades de implementá-las, já que os acionistas querem um retorno rápido de seus investimentos e os clientes estão interessados no atendimento das suas necessidades atuais. Por outro lado, as inovações incrementais são feitas para ganhar espaço diante dos concorrentes e aproveitar os recursos existentes. Dessa forma, observa-se que o enfoque em melhorias é menos arriscado e mais interessante a curto prazo, enquanto os produtos puderem ser melhorados na percepção dos clientes, mas é estrategicamente e financeiramente menos interessante a longo prazo.

As inovações mais radicais se baseiam em projeções de tendências macroeconômicas de visualização do mercado daqui a alguns anos e, por isso mesmo, são exercícios perigosos, já que as tecnologias projetadas podem não estar disponíveis, derrubando todo o planejamento. Um bom exemplo é o dos filmes de ficção científica, que idealizaram tecnologias que não se concretizaram. Apesar de abrir a mente para potenciais oportunidades, o passado ainda continua sendo mais importante nas projeções.

Grande parte das inovações envolve a combinação de tecnologias existentes de uma nova maneira ou a aplicação de técnicas e processos conhecidos a situações diferentes. Muitas, inclusive, podem gerar inovações revolucionárias, como é o caso do telefone celular. Por isso, é importante que a empresa sempre analise o cenário mundial, de modo a vincular a inovação de seus produtos às transformações que estão ocorrendo, sem perder de vista as necessidades dos clientes.

A inovação é mais bem trabalhada em equipe, porque a junção de pessoas de diferentes culturas, mentalidades e especialidades aumenta a diversidade das idéias e alterna as responsabilidades pelas diferentes fases do produto, como a geração, a produção e a comercialização da idéia para agregar valor. Nessa era de inovações, a velocidade proporcionada pelas conexões de Internet transformou a maneira de trabalhar, na medida em que o uso de rede agiliza a troca de informações, revoga distâncias e reduz bastante o tempo necessário para o lançamento de um produto no mercado.

As empresas conectam-se ao mundo externo para receber contribuições de fornecedores, distribuidores e clientes para ajudá-los a inovar, ao mesmo tempo que constroem redes internas para estimular o intercâmbio de conhecimentos entre empregados de várias áreas, de forma a resolver problemas mais rapidamente. No entanto, a criatividade em grupo precisa ser direcionada a um objetivo para que a empresa possa se concentrar em inovações que sejam estrategicamente relevantes.

A liderança deve gerenciar as inovações, estimulando uma cultura aberta, alinhando a criatividade à sua orientação estratégica e utilizando processos estruturados, novas tecnologias e modelos de negócios para explorar o potencial de idéias imprevistas. Os objetivos estratégicos é que vão definir o direcionamento e a relevância e guiar o programa de inovação, envolvendo diferentes áreas com enfoques tanto operacionais como orientados para os clientes e com inovações tanto revolucionárias como por melhorias contínuas. Os departamentos vão se revezar no exercício da liderança, na medida da sua importância nos diferentes estágios dos projetos de inovação.

O investimento deve ser distribuído entre as inovações incrementais e as radicais segundo a orientação da liderança, mas não de maneira uniforme, já que deve fortalecer o desempenho do curto prazo, com melhorias contínuas, e, ao mesmo tempo, voltar-se para o futuro, com mudanças radicais, na medida em que as melhorias se esgotam depois de algum tempo. A criatividade deve ser utilizada de novas maneiras e combinações, assim como em situações diferentes, a partir da exploração dos conhecimentos e das tecnologias existentes.

Os líderes devem estar sempre analisando a criatividade de seus empregados e planejando transformar as idéias em produtos. Por isso, devem projetar sistemas capazes de fomentar a criatividade na organização, armazenando as idéias não-aproveitadas geradas por suas equipes para que não se percam e implementando aquelas selecionadas como viáveis de modo a estimular o grupo e influir no desempenho da empresa.

Eles devem disseminar os resultados da equipe, avaliando suas capacidades criativas, nível de atrito com o resto da empresa e desempenho em relação aos concorrentes no que se refere ao tempo de desenvolvimento de uma idéia, da sua geração até a transformação em produto e sua comercialização. A criação de uma rede de relacionamentos é importante para a empresa se manter atualizada, com percepções mais diversas do setor em que atua.

Ao fomentar a entrada de novas informações e permitir a divergência conceitual e cognitiva entre os membros da equipe, os líderes estimulam não só o intercâmbio de recursos, mas também a criatividade e a originalidade, cultivando a mente dos aprendizes de modo a criar inovações disruptivas, ou seja, transformações radicais e não apenas incrementais, com o acréscimo de pequenos benefícios.

Os líderes devem visitar com freqüência as diversas áreas da empresa para ver seu funcionamento, estruturar processos flexíveis e manter redes *on-line* para estreitar o relacionamento entre as áreas e com fornecedores e clientes, de modo a agilizar a criação de produtos personalizados. Os sistemas devem ter grande capacidade de armazenamento de dados para receber informações de todos os participantes da rede de relacionamento.

Os processos devem ser mapeados e redefinidos para agilizar as atividades, conexões e relacionamentos e dar mais flexibilidade à empresa para estruturar as idéias, perceber seus entraves e aceleradores, o responsável pela definição do problema, como as idéias progridem do *brainstorming* aos projetos formalmente reconhecidos e perceber os elementos que estimulam e os que travam o funcionamento do grupo. Também devem permitir o conhecimento dos principais entraves burocráticos e de hierarquia, das adequações e disfuncionalidades dos projetos, do nível de colaboração entre os membros da equipe e com o resto da organização e de como são solucionadas as divergências.

Inicialmente, os líderes devem mapear a organização em termos de capacidades criativas, habilidades, competências, funções e setores e os pontos fortes e fracos do processo colaborativo de toda a estrutura voltada para a inovação. Depois, avaliar as redes de interconexão, sistemas *on-line* e tecnologia de videoconferência, que dão autonomia aos empregados para buscar criatividade em fontes internas e externas e possibilitem improvisação e experimentação, facilitando o gerenciamento de projetos, a colaboração e a criação de novas tecnologias e permitindo o livre fluxo de idéias criativas.

Todos os níveis da empresa devem usar de criatividade, de modo que ela faça parte da cultura organizacional associada à estratégia e a sistemas gerenciais, sustentando atitudes positivas em relação à geração de idéias. O papel do líder, portanto, é fundamental, na medida em que ele estimula as idéias e as transforma em realização, ao disseminar a cultura da inovação e ao motivar, captar recursos e investimentos e implementar os projetos.

A criatividade só é obtida com um canal de comunicação aberto à participação dos empregados, uma política de retenção de talentos, um portfólio grande de produtos novos e cooperação de toda a empresa, que deve experimentar, estudar sucessos e fracassos, acolher idéias incomuns e gerenciar o equilíbrio entre criação e disciplina. Uma gestão eficiente deve balancear liberdade, viabilidade e negociação, assim como idéias "revolucionárias" e "menores", encorajar a quebra de normas e a rebeldia quando se trata de geração de idéias, e enfatizar a criatividade nos níveis mais altos de decisão.

Além disso, os gerentes devem projetar espaços informais e confortáveis para facilitar a criatividade nas organizações, que estimulem a geração de idéias livres, que não sejam nem pequenos nem grandes demais a ponto de limitar ou impedir uma atmosfera de intimidade, assim como não devem ser nem abertos nem fechados demais. Os escritórios abertos alavancam as idéias, uma vez que diferentes áreas dividem o mesmo espaço, o que propicia que todos os setores conheçam os problemas dos outros e possibilita o envolvimento de todos na sua solução.

O trabalho criativo exige constante improvisação, obrigando as pessoas a se comunicar com freqüência e a desenvolver habilidades que facilitem o diálogo, o que permite a mudança do foco individual para o coletivo e aumenta a percepção de uso de um produto. O intercâmbio de idéias é essencial para estimular a criatividade, na medida em que uma nova perspectiva pode incitar a imaginação e a inovação, uma vez que derruba as barreiras tradicionais.

A fim de estimular a criatividade, os gerentes devem repensar o conceito de espaço, reorganizando-o e ampliando-o, de modo que reflita os valores da equipe. O local de trabalho deve ser amplo e divertido para energizar a equipe e possibilitar interações com pessoas que não fazem parte do grupo. O espaço físico aberto reflete a independência, amplitude, autonomia e igualdade e elimina qualquer sugestão de hierarquia, o que implicaria a existência de chefes, contrariando a filosofia de que todos devem funcionar como uma única pessoa na geração de uma idéia.

As iniciativas de criatividade devem estar presentes nos produtos, processos, práticas e percepções, de modo a estabelecer uma renovação contínua do marketing, recrutamento e treinamento dos funcionários e planejamento da organização, a fim de empreender a modificação de toda estrutura e cultura organizacionais.

A empresa deve analisar suas capacidades criativas, como pessoas, tecnologias, arquitetura organizacional, assim como avaliar a proporção da receita proveniente dos produtos novos e dos mais antigos. Deve também fazer um levantamento do número de iniciativas de criatividade que se transformaram em produto, em melhorias dos processos e da cultura da empresa, e do papel dos líderes na introdução, apoio e continuidade das iniciativas, bem como da ocasião e do contexto em que surgiram, e se foram espontâneas ou apareceram em resposta a desafios, à concorrência, a uma emergência ou como resultado de um projeto.

A liderança também deve analisar a área em que surgiram as iniciativas, se foi no recrutamento e treinamento de empregados, no espaço arquitetônico, na formação de redes de informações e sistemas de comunicações, na postura da liderança ou se foi nas decisões financeiras. Também deve mapear a evolução do processo desde as iniciativas de geração e implementação das idéias, até a eliminação das barreiras sistêmicas, a avaliação e correção das áreas de atrito, o apoio da liderança, e a análise de fatores humanos como ciúmes, entusiasmo, consciência e ignorância, de modo a verificar o que pode impedir ou retardar o progresso da iniciativa.

A empresa deve analisar seus talentos criativos e respectivas motivações, avaliar a postura da liderança e das áreas de desenvolvimento e operação, a sua taxa de evasão de talentos e política de recrutamento e treinamento e o estímulo à diversidade e à divergência de opiniões. Também deve avaliar os procedimentos e cultura dos seus concorrentes e o *benchmarking* de empresas criativas e divulgar os seus avanços em feiras, convenções e conferências.

Também é importante a avaliação do desempenho dos sistemas de gestão das capacidades criativas, de armazenamento de informações e de recompensa, mantendo o foco na capacidade imaginativa, no improviso e na diversidade. Também deve analisar as tensões entre o novo e o estabelecido, a flexibilidade e a obediência às normas, a experimentação e os padrões, a capacidade de expressão e a resposta do grupo, a liberdade e a disciplina, o desejo e o poder e a novidade e a experiência.

O mercado atual é global, extremamente competitivo e exigente em relação ao novo, ao experimental, à rapidez, à eficiência e à eficácia. Não deixa tempo para buscar soluções do passado e premia a habilidade de improvisação e inspiração. A função do gerente é localizar pontos de tensão e de harmonia entre os sistemas e o livre fluxo da criatividade com o intuito de satisfazer os clientes, assim como facilitar a mistura de personalidades, de novo e velho, de técnica e improviso e de disciplina e flexibilidade.

Os gerentes são os responsáveis pela formação da equipe, e escolhem com base em habilidades e competências especiais, e pela decisão do responsável pelo controle do balanceamento entre liberdade e inspiração, pela disciplina, ritmo de trabalho e metas. Eles devem estimular a diversidade, o multifuncionalismo e o multiculturalismo para aumentar as oportunidades de inovação, inserir criatividade na liderança e planejamento e monitoramento do desempenho através de sistemas de gestão. Também para dar liberdade de expressão, atribuir responsabilidades, definir tarefas e determinar marcos e conclusões, com o foco no produto e nos clientes.

Os gerentes devem avaliar continuamente as capacidades, estimular o entusiasmo e a diversão na geração de idéias e dar autonomia para tomadas de decisão mais rápidas. Ao mesmo tempo, devem analisar as oportunidades de usar as capacidades da empresa ou terceirizar as atividades em que ela é menos eficiente para focar na especialização em algumas áreas com o uso de tecnologias modernas para melhorar a integração e conectividade não só interna, mas também com fornecedores e clientes.

Os principais fatores de sucesso de uma empresa inovadora são encontrar talentos, associá-los a oportunidades e recursos internos, definir iniciativas e manter a conscientização contínua do ambiente. Também é importante gerenciar o sistema de crenças da cultura organizacional que conecta as aspirações dos empregados às metas da empresa, comunicando valores agregadores que se adaptem às contínuas mudanças do ambiente externo. No entanto, é a alta direção que decide sobre o que fazer, comprar, explorar internamente, terceirizar, conscientizar e desenvolver em termos de competências.

Tanto a criatividade individual como a coletiva precisam ser incentivadas, planejadas, alimentadas e enriquecidas continuamente, de modo a elevar o grau inovador na empresa. O líder é o facilitador do ambiente criativo, tornando viável a cooperação entre seus colaboradores e possibilitando que as idéias geradas para produtos, serviços e tecnologias resultem em inovações e gerem valor.

A criatividade, portanto, exige uma multiplicidade de conhecimentos, na medida em que qualquer informação pode ser utilizada na solução de um problema, mas também requer muita imaginação e motivação. Quanto mais difícil for a solução de uma questão, maior será o desafio apresentado às pessoas criativas. A transformação da criatividade em inovação exige estratégia, processos bem-estruturados e sistemas de conexão para interligar todas as áreas envolvidas no projeto, assim como uma forte atuação da liderança no estímulo às idéias criativas, por meio do seu envolvimento nos processos de avaliação e seleção das idéias e no desenvolvimento dos produtos até a sua comercialização.

CAPÍTULO 6

O Diferencial da Inovação

"Em time que está ganhando não se mexe."
Ditado popular
"Estamos em uma briga sem regras."
Paul Allaire
(Ex-CEO da Xerox)

Não há nada mais incorreto do que o ditado popular que diz que "em time que está ganhando não se mexe". Se as pessoas pensassem dessa maneira, não teríamos toda a evolução que tivemos nas mais diversas áreas de conhecimento. Muito pelo contrário, nos times que estão ganhando é que devemos mexer para que continuem a se diferenciar dos demais e a liderar as mudanças.

Inovar significa ter idéias novas, criar coisas novas ou rearranjar com eficácia as coisas antigas de uma forma original. Peter Drucker defende que a "inovação é a ferramenta específica dos empreendedores, o meio através do qual eles exploram a mudança como uma oportunidade para um negócio ou serviço diferente". A inovação envolve ter criatividade para gerar idéias novas, assim como também desenvolver e implementar essas idéias de forma a causar impacto, e pode estar relacionada tanto ao lançamento de novos produtos como à melhoria dos existentes ou à otimização de uma estrutura organizacional.

Inovar requer mudar alguma coisa, assumir riscos, trocar o hoje pelo amanhã, e, por mexer com os hábitos, implica resistência e incompreensão das pessoas empreendedoras. Entretanto, o sucesso no passado não garante novos negócios. Ao contrário, significa uma concorrência mais acirrada.

A empresa que optar pela inovação deve definir uma estratégia clara e não só os investimentos como os métodos de gestão que serão utilizados, devido às constantes mudanças que estão ocorrendo nas tecnologias e no mercado, com os clientes e concorrentes, e muitas vezes na direção oposta à desejada e planejada pela organização. Os altos investimentos em recursos, tanto humanos como financeiros, e a implicação em riscos e incertezas em função das novas idéias e das mudanças, não devem impedir as organizações de usar de criatividade e inovar, porque o maior risco é não inovar.

No contexto organizacional, costuma-se associar inovação a progressos tecnológicos. Entretanto, a inovação também pode ocorrer no modelo de negócios, que é a maneira pela qual a empresa cria, vende e proporciona valor aos clientes, e afeta o desenvolvimento dos produtos, os processos e o relacionamento com os clientes e com a comunidade. Ela afeta diversas áreas da empresa, não se limitando apenas aos processos de pesquisa & desenvolvimento.

A inovação cumpre uma seqüência lógica que tem início quando as idéias são pensadas, passando pelo desenvolvimento do produto até a sua comercialização, o que implica um trabalho em equipe e o estabelecimento de processos formais para viabilizá-la. Os processos devem estimular a geração de idéias, favorecer a colaboração, reconhecer e premiar os que apresentarem novas idéias e, principalmente, os que gerarem valor para a organização.

As inovações podem surgir de iniciativas individuais de pessoas criativas e motivadas, com habilidades especiais para realizar o novo ou estimuladas por um líder carismático e facilitador, que estimule a autonomia, o risco e a comunicação entre as áreas da empresa. No entanto, as organizações devem se comprometer formalmente, estruturando processos e implementando atividades sistemáticas, como laboratórios de criatividade, aprendizagem interna e com clientes e fornecedores, ou fazendo parcerias com universidades, de modo a criar ambientes favoráveis à criatividade e às inovações.

As estratégias para inovar envolvem líderes empreendedores na medida em que eles são ágeis na identificação de pessoas criativas que podem trazer soluções para os desafios das organizações, construindo relacionamentos de maneira sistemática, buscando a diversidade e novas experiências e formando redes para interligação de todas as pessoas envolvidas na cadeia de valor da inovação.

6.1 INCENTIVANDO A CRIAÇÃO DE NOVAS IDÉIAS

As inovações podem ser tecnológicas, como as da Microsoft, Dell e Apple, que criaram tecnologias novas, ou estar relacionadas a modelos de negócios, como as da e.Bay e Wal-Mart, que modificaram a estrutura do seu negócio, embora todas utilizem tecnologia da informação para melhorar seus processos, particularmente os relativos à cadeia de suprimentos e canais de distribuição.

Contudo, dificilmente uma mudança de tecnologia não acarreta inovações nos processos de negócios e vice-versa, uma vez que todas as atividades internas e externas são interligadas de modo a produzir resultados. A primeira mudança conhecida que ocorreu em modelo de negócios foi o fordismo, implantado por Henry Ford na sua fábrica de automóveis para implementar a produção em massa. Essa mudança possibilitou a criação de modificações tecnológicas para agilizar a realização das tarefas.

Davila, Epstein e Shelton apresentam seis alavancas para realizar mudanças relativas à inovação, três relacionadas ao modelo de negócios – proposição de valor, cadeia de suprimentos e clientes-alvo – e três relativas à inovação tecnológica – produtos e serviços, processos tecnológicos e tecnologias capacitadoras.

Os modelos de negócios modificam-se no que se relaciona ao que é vendido e lançado no mercado – a proposição de valor –, a como é criado e levado ao mercado – a cadeia de suprimentos –, e a quem é repassado esse valor – o cliente-alvo. Por outro lado, as novas tecnologias provocam inovação em produtos e serviços, processos e capacitação da empresa. O melhor modelo de inovação para uma empresa requer a integração do gerenciamento e de investimentos compartilhados em modelos de negócios e tecnologias.

A proposição de valor é a criação e o lançamento no mercado de conceitos inteiramente novos ou melhorados de produtos e serviços. Um exemplo é o de produtos de beleza e de higiene, que lançam acréscimos a benefícios já existentes, como o creme antiestrias e a pasta dental branqueadora dos dentes ou que protege contra cáries.

Já na cadeia de suprimentos, a empresa modifica a maneira de se organizar nos estágios da cadeia de valores a fim de criar vantagens competitivas com a redução de custos dos seus produtos e serviços, seja terceirizando atividades ou fazendo parcerias com universidades, fornecedores e clientes. Exemplos conhecidos são a parceria entre a Wal-Mart e a Procter & Gamble, cuja gestão conjunta de estoques para fornecimento de mercadorias reverteu em redução de preço para os clientes, e a relação de colaboração da Toyota com seus fornecedores.

Em termos de clientes-alvo, a empresa identifica o segmento de clientes de melhor lucratividade de modo a personalizar produtos, serviços e o relacionamento com o intuito de satisfazer suas necessidades. Um exemplo é a criação de iogurtes com fibras para melhorar o funcionamento do intestino das mulheres sujeitas a prisão de ventre.

Em termos tecnológicos, a empresa pode lançar produtos e serviços inteiramente novos, que é o tipo mais facilmente identificável de inovação, como é o caso dos celulares e do MP3, e também pode modificar as funcionalidades que comandam o desempenho dos produtos, como no caso do LCD nas televisões e dos *chips* de memória nos computadores.

Por último, as menos visíveis, porque são internas, em que as empresas utilizam sistemas sofisticados para agilizar os seus processos – caso do SAP no gerenciamento de custos e do CRM no relacionamento com clientes –, assim como a automatização de atividades, como é o caso dos caixas eletrônicos dos bancos. Também é o caso da junção entre tecnologia da informação e telecomunicações para facilitar o intercâmbio de informações entre os participantes da cadeia de valor, desde a criação da idéia até o desenvolvimento dos produtos e o gerenciamento da cadeia de suprimentos.

Vários métodos podem ser utilizados para incentivar a criação de novas idéias.

6.1.1 Solução Criativa de Problemas

Método desenvolvido por Alex Osborn que parte da premissa de que uma idéia representa novidade, valor e relevância pelo menos para quem cria a solução de uma situação que possa ser mudada. Consiste na resolução criativa de problemas visando gerar, avaliar, desenvolver, refinar e implementar soluções, aproveitando as oportunidades de negócios que possam resultar em uma ação efetiva.

Inicialmente formula o objetivo em termos de possibilidades e oportunidades dos cenários, reunindo e analisando dados e suas implicações emocionais. Depois identifica o problema e começa a gerar idéias, selecionando e aperfeiçoando as que são viáveis, até a aceitação e aprovação da solução e a definição e implementação de um plano de ação.

6.1.2 Método Simplex

Criado por Min Basadur, reinicia continuamente o processo criativo ao fim de cada ciclo, não se limitando à melhoria contínua para buscar a inovação constante dos processos produtivos. Inicialmente, procura antecipar problemas e buscar oportunidades de inovação nos processos, relacionando as conveniências internas às tendências do setor de atuação da empresa, às ocorrências externas e às inovações em segmentos relacionados, a fim de prever expectativas sociais e políticas e mudanças nas preferências dos clientes.

Em seguida, coleta e investiga dados sobre as novas tendências tecnológicas e suas aplicações em diversas áreas para subsidiar a decisão de investimentos nas melhores idéias apresentadas, detalhando as dificuldades e os benefícios dos clientes internos, externos, parceiros e fornecedores com os produtos e processos atuais, de modo a entender como as mudanças vão afetar a maneira de trabalhar e os hábitos dos clientes.

Depois, critica os processos criativos para expandir a visão do problema e das oportunidades e identificar os gargalos, e inicia a geração de idéias para encontrar a solução usando técnicas como *brainstorming, mind map* e os cinco sentidos. Em seguida, avalia e seleciona idéias por meio de técnicas de decisão como análises comparativas, árvore de decisão e processo dos seis chapéus, verificando a que oferece a melhor relação custo-benefício ao cliente ou a que possui maior potencial de utilização.

Finalmente, define um plano de negócios orientado para o cliente, verifica se a idéia se enquadra na estratégia da empresa e o seu grau de praticidade e facilidade para a compreensão do cliente, e implementa rapidamente a idéia a fim de ganhar credibilidade e não dar chance a desistências.

6.1.3 Método Clássico

Criado por James Young, é simples e funcional, e baseia-se no talento e na combinação de idéias para produzir algo novo. Inicialmente, procura informações com especialistas e, por meio de pesquisas, consulta na Internet e leitura para buscar inspiração. Após um período de relaxamento e afastamento do problema, estimula a imaginação através da emoção para a geração de idéias a partir da conexão entre o conhecimento adquirido e a imaginação. Em seguida, submete a idéia a apreciação, adaptada às exigências práticas para gerar resultados, e aguarda a aceitação, que acontece quando os ouvintes se sentem estimulados a contribuir.

6.1.4 Processo dos Seis Chapéus

Criado por Edward DeBono, analisa e soluciona os problemas a partir de seis ângulos diferentes, de modo a obrigar ao afastamento dos padrões habituais de julgamento formados através do aprendizado e das experiências passadas. É um processo de treinamento para a abertura do pensamento e a construção de um mapa de soluções proativo, pelo direcionamento da atenção a um aspecto do problema de cada vez.

O processo é usado para chegar a uma solução por meio da combinação de seis papéis. O branco é a neutralidade e objetividade de fatos e dados, sem interpretações, valores ou opiniões pessoais. O vermelho são os sentimentos, emoções, intuição, valores e opinião, sem nenhuma lógica. O preto é a discussão, crítica, função lógica negativa de julgamento expondo riscos e perigos em uma visão pessimista. O amarelo são os pensamentos positivos, construtivos e produtivos, as avaliações positivas variando do lógico aos sonhos, com foco em benefícios e oportunidades, em uma visão otimista. O verde são as novas idéias, conceitos e percepções, as alternativas criativas, a ideação, a orientação pelo movimento. O azul é o desprendimento, a organização do pensamento, o foco – resume os resultados dos outros e monitora as regras para a construção do mapa.

6.1.5 Processo TRIZ (Teoria de Resolução Inventiva de Problemas)

Criado por Genrich Altschuller, é direcionado para a solução de problemas técnicos de engenharia e produção. Acessa e se apropria de conhecimentos disponíveis em outras ciências para a solução de contradições técnicas. Define, formula e categoriza o problema, assim como desenvolve conceitos, estabelece prioridade e implementa soluções. Em linhas gerais, o processo estabelece que muitas questões de diferentes áreas de tecnologia podem ser solucionadas pelas mesmas abordagens conceituais, utilizando conhecimentos de física, química e geometria, uma vez que essas ciências esclarecem problemas e sugerem analogias que podem ser aplicadas por outras áreas de conhecimento humano.

6.1.6 Processo Criativo Integral

Desenvolvido por Rui Santo, destaca que a criatividade pertence a pessoas e a seus processos mentais, enquanto a inovação pertence às empresas, que gerenciam o conjunto. Por isso a criatividade precisa estar presente em várias pessoas de acordo com o estágio da cadeia de valor. Inicialmente há um desbloqueio mental para ampliar as percepções e as intuições, com a diversificação de interesses para várias áreas de especialização, a fragmentação dos objetos vistos, o deslocamento de situações mentais de negativas até positivas, o acréscimo de novas funções aos objetos e o uso dos cinco sentidos.

Em seguida, aumenta a percepção com a identificação dos movimentos usados nos produtos para economizar esforços físicos e identifica o problema se concentrando no que realmente precisa ser solucionado, flexibilizando a ideação e substituindo conceitos. Depois usa técnicas de criatividade para gerar idéias, ajustando o problema a ser resolvido à solução sugerida ou promovendo nova rodada de *brainstorming*. Finalmente, faz perguntas e usa experiências e vivências pessoais para encontrar uma solução intuitiva flexível, pela disposição para cometer erros e empenho para sair da inércia psicológica.

Há outros métodos, como o DO IT, processo simples e direto de Definição do problema e Operação com aplicação de Técnicas de Ideação, que usa técnicas para identificar e implementar a melhor solução; e a Expedição de Pensamento, que é um processo de desaprendizado que usa sete movimentos contínuos: Eficácia – fazer coisas certas; Eficiência – fazer da maneira certa; Melhorar – fazer a melhor coisa certa; Enxugar – livrar-se do supérfluo; Copiar – fazer o que os outros fazem de bom; Ser Diferente – fazer o que ninguém faz; e Buscar o Impossível – fazer o que não pode ser feito.

Vários especialistas criaram, em conjunto com as corporações, combinações de processos e conteúdos para atender às expectativas de eficiência das estratégias, já que dificilmente as várias áreas de uma empresa conseguem ser atendidas por um único processo, devido à diversidade de objetivos, ao ambiente e ao momento.

6.2 DESENVOLVENDO METODOLOGIAS E SISTEMAS INOVADORES

Criatividade e captação de valor devem ser simultâneas na organização, cabendo aos sistemas de gestão viabilizar a comercialização das idéias para captar valor com a combinação da geração, seleção e execução de idéias facilitada pela rede interna e externa, e mediante o desenvolvimento de protótipos de inovação e de mudanças do modelo de negócios ou da tecnologia.

As inovações incrementais, semi-radicais e radicais não são criadas da mesma forma, uma vez que apresentam riscos distintos. Como conseqüência, exigem níveis diferentes de investimento, assim como não obtêm os mesmos resultados em termos de vantagens competitivas. Enquanto em um extremo a inovação incremental leva a melhorias moderadas nos produtos e processos para solucionar problemas imediatos, no outro extremo a inovação radical desenvolve produtos e serviços totalmente novos, fazendo uma exploração do futuro de prazo mais longo.

As empresas não devem se basear apenas em inovações incrementais, alternando evoluções – melhorias incrementais – e revoluções – mudanças radicais. Se só incentivarem as inovações incrementais não vão conseguir criar uma mentalidade de inovação para estimular as mais radicais, na medida em que os riscos são maiores, e, como conseqüência, podem ficar para trás na competição. A decisão sobre o tipo de mudança a implementar e a distribuição dos recursos e investimentos reflete a estratégia, o esforço e o processo de inovação que as organizações estão conduzindo.

A estratégia das empresas orienta o foco dos seus esforços e a sua estrutura, servindo como fundamento ao processo. Enquanto a inovação incremental depende das tecnologias e modelos de negócios existentes, as inovações disruptivas introduzem mudanças significativas ou em tecnologia ou no modelo de negócios nas semi-radicais ou em ambos no caso das radicais.

As políticas, os procedimentos e os mecanismos de informação que se estabelecem para viabilizar o processo de inovação nas organizações e entre elas, que são os sistemas de inovação, determinam a configuração das interações das equipes e as maneiras como priorizam as atividades e como as diferentes áreas usam a estrutura existente para se intercomunicar. A melhoria de um produto, por exemplo, requer comunicações entre as áreas de pesquisa & desenvolvimento (P&D), produção, finanças, marketing e vendas, bem como a adoção de processos e critérios específicos para a gestão dos estágios da inovação, desde o desenho até a avaliação do produto e as recompensas dos empregados.

A inovação decorre da criatividade, do talento e da interação de um grupo de pessoas, que vai ser maior ou menor em função do tamanho das organizações, mas necessita do auxílio de sistemas para ser introduzida na mentalidade de uma empresa. Os sistemas de inovação são desenvolvidos para incrementar a eficiência do processo de inovação, transformando idéias em produtos comercializáveis com rapidez e poucos recursos. São especialmente importantes na inovação incremental, em que o gerenciamento de estágios de produto e de pontos de decisão pode apressar a comercialização mediante a aceleração das etapas da conceituação, desenho, protótipo e marketing.

Os sistemas têm por função a criação de linhas de comunicação apropriadas tanto no âmbito da empresa como com participantes externos, de modo a facilitar o acesso das equipes de inovação a conhecimentos especializados, ao conectar diversas áreas da empresa a fim de agilizar a cadeia de valor. No desenvolvimento de produtos, é fundamental que as equipes sejam multifuncionais – com participantes de P&D, manufatura, finanças, tecnologia, marketing, vendas e distribuição – orientadas por um plano que descreva o momento em que cada função será anexada ao grupo e por reuniões periódicas de revisão do planejamento para o estabelecimento de marcos e objetivos.

Os sistemas de inovação também fazem a coordenação entre projetos e equipes a fim de permitir atividades paralelas de várias equipes em vários projetos com o mínimo de comunicação presencial, uma vez que muitos funcionam em diferentes partes do mundo. A tecnologia de comunicação e a disciplina dos sistemas garantem disponibilidade de recursos no momento em que se fazem necessários e permitem o aprendizado para a gestão do conhecimento criado em inovação ao longo da cadeia de valor – desde a ideação até a comercialização –, disponibilizando-o para a equipe e a alta direção.

Os sistemas de inovação incluem uma base de conhecimentos atualizados permanentemente a respeito do modelo de negócios, tecnologia e oportunidades identificadas, e são usados para identificar problemas e potenciais aperfeiçoamentos para melhorar a vantagem competitiva das organizações. Eles alinham os objetivos das várias partes interessadas na medida em que pessoas em todos os níveis e de todas as áreas precisam entender a estratégia da empresa e as respectivas implicações para suas operações à medida que a empresa vai se expandindo. Também alinham objetivos organizacionais a objetivos pessoais para melhorar o desempenho das pessoas e da empresa.

A inovação tem início com um grande fluxo de idéias que, depois de criadas, avaliadas, selecionadas e aperfeiçoadas, se transformam em poucas a fim de serem comercializadas e gerar valor. Os sistemas de gestão são usados para impulsionar as idéias geradas ao longo da organização até se tornarem decisões de financiamento de projetos, quando as inovações selecionadas recebem os fundos iniciais para avançar ou são descartadas, e depois, na comercialização dos projetos. Os sistemas de inovação permitem o reconhecimento da existência de uma brecha que produz valor para os clientes – os novos itens ou melhorias em produto, tecnologia ou modelo de negócios – e precisam ser eficazes desde a ideação até a comercialização.

O desafio da gerência é criar um ambiente propício à geração de idéias a respeito da brecha e fazer com que elas cheguem até o estágio de geração de valor no processo de inovação. Diferentes sistemas são usados para gerenciar a inovação, como a gestão de idéia estruturada, o *brainstorming*, a experimentação, protótipos e gestão de comercialização. A escolha vai variar em função da estratégia e do equilíbrio entre as inovações incrementais, semi-radicais e radicais presentes no portfólio da organização.

A gestão de idéia estruturada é um processo em que um grupo de pessoas com vários tipos de conhecimento examina dados, lança idéias e escreve potenciais soluções para controlar o problema, tendo por objetivo entender as diferenças entre idéias radicais e incrementais. As decisões sobre idéias incrementais e radicais são tomadas no mesmo espaço e utilizando os mesmos critérios, embora os dois tipos de idéias precisem de abordagens bem diferentes. Geralmente, nas reuniões para tomada de decisão, as idéias revolucionárias são descartadas logo no início, porque envolvem muitas questões sem respostas, deixando para a avaliação de investimento apenas as idéias mais simples.

As reuniões de *brainstorming* devem ser usadas para pensar sobre a combinação de fragmentos de idéias, de modo a produzir bons resultados. A inovação radical é uma atividade importante em iniciativas inovadoras, mas depende de experimentação continuada para testar, refutar, modificar e validar conceitos potencialmente revolucionários devido às transformações que impõe. As experiências constituem fonte de aprendizado e orientam o processo ao proporcionarem uma exploração de tecnologias, negócios e mercados, desvendando valores até então desconhecidos.

Já os protótipos são planilhas, mapas de processos ou simulações que permitem visualizar as deficiências de modo que a equipe de inovação possa desenvolver ou mudar um produto e comercializar inovações radicais. Os primeiros protótipos devem ser simples para testar os conceitos básicos, e os mais avançados devem se concentrar na essência do projeto e contar com a interação de fornecedores e clientes para proporcionar aos *designers* outras perspectivas de efetivar aperfeiçoamentos seqüenciais.

A criação dos protótipos exige o pensamento modular, para testar primeiro uma ou duas incertezas quanto à natureza do problema e sua potencial solução, e, depois, realizar vários pequenos testes práticos de baixo custo para corrigir continuamente o produto até ficar bom, em parceria com clientes e/ou fornecedores, de modo a compartilhar custos, riscos e benefícios. Os protótipos são modelos que esclarecem o problema e as possíveis soluções, extraem padrões a partir dos resultados para aperfeiçoar o aprendizado da equipe e proporcionam uma visão dos rumos dos próximos estágios que, por fim, se transforma em uma inovação radical.

O processo de gestão da comercialização deve incluir a apresentação da idéia e dos seus valores e riscos, de modo que os investidores consigam enxergar valor para subsidiar um acordo entre as partes interessadas e para o investimento no projeto.

As empresas não devem concentrar suas inovações nas suas competências estratégicas, modelos de negócios, mercados e tecnologias, uma vez que se arriscam a perder importantes oportunidades de inovação ao ignorar boas idéias por entenderem que não se enquadram no seu setor de atuação. Por isso, devem focar não apenas os aspectos óbvios do negócio, mas as competências e inovações às quais podem se adaptar.

O CEO deve definir as competências estratégicas em termos de modelos de negócios e tecnologias que considera mais importantes para o sucesso de um plano de negócios e da estratégia de inovação. A partir da análise das competências que a empresa domina ou pode dominar, com inovações e investimentos adequados, deve examinar mercados e setores de negócios que utilizam essas competências, para só então definir as áreas em que a empresa deve investir, se melhoria ou inovação radical. Existem outros sistemas de gestão para estimular e dar suporte à estratégia da inovação de uma organização, de acordo com o tipo de inovação que escolheu adotar.

No Sistema de Reconhecimento, na inovação incremental as recompensas são definidas pelo cumprimento de metas antes do início do projeto, e na inovação radical isso ocorre após sua conclusão com sucesso nos processos. Por outro lado, no Sistema de Projetos, enquanto na inovação incremental há planejamento antecipado, com objetivos e metas claros, na inovação radical há pouco planejamento detalhado e metas amplas que dependem de experimentação e revisão constantes. Já o Sistema de Alocação de Recursos na inovação incremental é baseado em indicadores financeiros, com clara definição dos recursos comprometidos e suas formas de liberação, enquanto na radical pode ser informal e é baseado na perspectiva da tecnologia e do mercado.

No Sistema de Indicadores, enquanto na inovação incremental os recursos são baseados em insumos, processos e produtos, na inovação radical eles são limitados a insumos e experimentação. Por outro lado, o Sistema de Monitoração na inovação incremental é baseado na verificação do cumprimento dos marcos, e na radical é baseado na avaliação subjetiva. Já o Sistema de Formalização do Processo na inovação incremental é baseado na entrada do processo, e na radical é baseado na dinâmica de equipes pequenas.

O Sistema de Pesquisa de Mercado na inovação incremental é baseado em ferramentas tradicionais, como grupos de foco, análises conjuntas, pesquisas e protótipos, enquanto na radical as pesquisas são antropológicas, baseadas na observação, na experiência e na experimentação. Por outro lado, no Sistema de Limites Estratégicos, na inovação incremental eles são desnecessários e gerenciados por objetivos e marcos, e na radical os processos de busca são baseados na estratégia. Já o Sistema de Planejamento Estratégico identifica na inovação incremental brechas no modelo de negócios em vigor, e na inovação radical explora novas abordagens técnicas e modelos de negócios.

O Sistema de Gestão e Planejamento de Portfólios na inovação incremental é feito por compensações simples e diretas, e na inovação radical é feito por compensações maiores, porque envolve riscos. Por outro lado, no Sistema de Cultura, na inovação incremental o foco está nos detalhes e na colaboração multifuncional com base na experiência, e na inovação radical o foco está na exploração. Já o Sistema de Instrumentos de Aprendizado na inovação incremental é baseado em ferramentas de melhoria contínua como qualidade, reengenharia e *feedback* dos clientes, e na inovação radical é baseado na experimentação, em protótipos e instrumentos de aprendizado.

O Sistema de Gestão de Conhecimento disponibiliza na inovação incremental o conhecimento ao longo da organização, e na inovação radical o conhecimento é criado e gerenciado no âmbito da equipe. Por outro lado, o Sistema de Parcerias na inovação incremental é baseado na colaboração em vários projetos em acordos de longo prazo, e na inovação radical os sócios proporcionam acesso a capacidades de que a organização não dispõe. Já o Sistema de Monitoração Externa na inovação incremental é baseado na monitoração dos concorrentes e do ecossistema, e na inovação radical é baseado na monitoração dos centros de geração de idéias, universidades e empresas precursoras.

O desenvolvimento e a instalação dos sistemas de gestão são supervisionados pela alta direção, que monitora seu desempenho em relação aos objetivos fixados, modificando-os para adaptá-los às necessidades das empresas. A colaboração eletrônica é um instrumento importante da gestão da inovação, uma vez que muitos parceiros e setores de uma mesma unidade de negócios ficam em localizações físicas diferentes, inclusive com desencontros entre fusos horários, culturas e tecnologias de comunicação. Os sistemas *on-line* permitem uma ampliação virtual dos limites organizacionais ao aproximar as empresas dos seus clientes, fornecedores e parceiros.

O CEO precisa liderar o processo de inovação, promovendo novas atitudes, melhorando a colaboração entre as partes envolvidas no desenvolvimento e na comercialização de produtos, promovendo reuniões pessoais e virtuais para as pessoas reavaliarem suas definições e crenças e incentivando interações no processo de desenho dos projetos através de sistemas *on-line*. Eles permitem que os participantes da cadeia de suprimentos trabalhem em íntima colaboração com a produção, juntando informações desde a concepção até a utilização e mesmo o descarte do produto, e, de posse dessa informação, promovam então melhorias no projeto.

Os sistemas de gestão são fundamentais para promover o equilíbrio entre aspectos antagônicos da inovação, como tecnologia e modelos de negócios, inovação radical e incremental e criatividade e captação de valor. Os fatores unificadores dos sistemas são a estratégia e o portfólio de inovação definidos pela empresa por determinada estratégia de inovação e o equilíbrio no respectivo portfólio.

6.3 IMPLEMENTANDO A INOVAÇÃO

A implementação de uma estratégia de inovação dá-se pela introdução de processos de aprendizagem contínua, que melhoraram muito com a introdução de sistemas eletrônicos para capacitar as pessoas a aprender com mais rapidez e eficiência e com custos menores em relação aos concorrentes. O aprendizado é fundamental para uma empresa manter-se na liderança do mercado ou apenas sobreviver em ambientes em rápida transformação. Aprendizagem, criatividade e mudança têm que estar juntas em um processo de inovação adequadamente concebido e executado.

Uma organização inovadora insere na sua estratégia processos de aprendizado e mudança, incorporando iniciativas de melhoria contínua no desenvolvimento dos produtos. O aprendizado é feito de forma sistêmica através de ciclos de ações e reações, e exige uma visão compartilhada entre todos os empregados, de forma a minimizar o surgimento de bloqueios organizacionais. O aprendizado exige flexibilidade e agilidade para criar um ambiente propício às inovações, assim como antecipar desafios e ameaças e incentivar a colaboração de modo a maximizar as tensões criativas.

O aprendizado de ação inclui avaliações sobre o funcionamento dos sistemas atuais relacionados à estrutura, aos processos e recursos, assim como à compreensão dos pontos fortes e fracos e um esforço proativo no sentido de aperfeiçoá-los. Já o aprendizado de conhecimento inclui processos estruturados para analisar a capacidade da organização de aprender e de se transformar de modo a garantir que os investimentos em inovações gerem retorno.

A inovação depende dos dois ciclos de aprendizado, e a inovação incremental depende em maior grau do aprendizado de ação, enquanto a radical usa mais freqüentemente o aprendizado de conhecimento. A inovação incremental baseia-se em um conhecimento explícito disponível, amplamente compartilhado na organização porque foi registrado pelas equipes do problema inicial até a abordagem da solução e recomendação final. Já a inovação radical, como lida com territórios inexplorados, utiliza o aprendizado de conhecimento, que é tácito e intuitivo, na medida em que é proveniente apenas da interação de mentes criativas, e a novidade da idéia dificulta sua comunicação e compreensão.

O sistema de aprendizado de uma organização interage com os outros em quatro diferentes níveis. No primeiro nível do desenho do processo, os Sistemas para Entrega de Valor existem nas organizações através do conhecimento explícito dos processos que podem ser controlados e renovados no caso da ocorrência de desvios. Já os Sistemas para Refinamento do Modelo Existente projetam o atual modelo de negócios para o futuro, incluindo o aprendizado de ação para impulsionar o aperfeiçoamento constante.

Por outro lado, os Sistemas para Construção de Competências proporcionam o aprendizado relacionado a novas capacidades e são usados para o desenvolvimento das competências indispensáveis para estratégias futuras. Já os Sistemas para o Desenvolvimento de Estratégias incentivam a incorporação de conhecimento externo ao atual modelo de negócios a fim de garantir que as idéias surgidas sejam utilizadas, em algum momento, para a criação de valor para a organização.

Os Sistemas para Entrega de Valor captam o conhecimento explícito codificado para garantir que a inovação gere valor. O aprendizado ocorre porque os sistemas são adaptados às necessidades específicas de cada empreendimento e é antecipatório, uma vez que resulta do planejamento de previsão, do exame das diferentes alternativas antes da execução e da definição de um rumo para orientar os projetos.

Os Sistemas para Refinamento do Modelo Existente têm por objetivo o conhecimento acerca da inovação e dos seus processos, de modo a identificar, avaliar e priorizar as oportunidades. O aprendizado é mais experiencial porque se baseia nas próprias experiências de inovação para identificar problemas e visualizar soluções, e incorpora conhecimentos de outras organizações. O conhecimento é tácito, uma vez que existe antes da solução do problema e se desenvolve ao longo do trabalho de uma equipe.

Os Sistemas para a Construção de Competências visam construir as capacidades futuras e são estimulados pela alta direção para a renovação estratégica por entender a necessidade de uma nova abordagem para suprir as deficiências existentes e antecipar ameaças. Exigem conhecimentos tácitos e explícitos e conhecimentos antecipatórios – provenientes do planejamento estratégico – e experienciais – advindos da experiência no desenvolvimento das capacidades.

Os Sistemas para Desenvolvimento de Estratégias são criados para aproveitar oportunidades que surgem de maneira inesperada no desenvolvimento de um produto de inovação radical devido ao risco de projetos mais arrojados. Exigem conhecimento tácito e aprendizado experiencial e são mais reativos e improvisados em face de novas situações do que proativos no desenvolvimento de capacidades para um novo modelo de negócios.

As inovações incrementais utilizam Sistemas para Entrega de Valor e são usados para planejamento e relatórios de exceções e atuam sobre resultados, assim como os Sistemas para Refinamento do Modelo Existente que são usados para a melhoria do *feedback* do cliente e testes de produto e atuam sobre os processos.

Por outro lado, as inovações radicais utilizam Sistemas para Construção de Competências e são usados para planejamento e controle estratégicos e gestão de projeto e atuam sobre aquilo que deve ser feito, assim como os Sistemas para Desenvolvimento de Estratégias que são usados em projetos secretos, gestão de idéias e gestão interna de riscos e atuam sobre aquilo que pode ser feito.

O aprendizado é captado mediante o emprego de uma abordagem proativa para a obtenção dos melhores resultados. Administrar a inovação exige tanto gestão do conhecimento – fazer uso de tudo que se conhece para resultados melhores – quanto gestão da ignorância – ter consciência daquilo que não se conhece e de todas as suas implicações. A gestão do conhecimento é mais útil nas inovações incrementais, e a da ignorância é mais valiosa em inovações semi-radicais e radicais. A inovação incremental utiliza os processos de gestão de conhecimento e exploração de dados para manter seu avanço, aperfeiçoando-se com dados sobre tecnologias e mercados existentes.

Os sistemas de gestão do conhecimento são importantes para codificar dados e estruturá-los para se tornarem úteis ao longo de toda a empresa. São altamente dependentes de tecnologia da informação e das telecomunicações, devido à capacidade de armazenamento e interconexões em tempo real. Seu valor depende tanto do seu desenho, ou seja, facilidade de arquivar, armazenar informações e estruturar bancos de dados, como da disciplina da organização em codificar os históricos de aprendizado dos projetos.

Já na inovação radical, a gestão da ignorância substitui a do conhecimento e utiliza-se a gestão de tentativa e erro devido à dificuldade de localizar dados, uma vez que pouco se conhece a respeito da maneira como os clientes usam os produtos e da melhor forma de abordá-los. Na gestão da ignorância, identificam-se as coisas mais importantes que são ignoradas pela equipe e desenha-se uma abordagem para ajudar a reduzir esse desconhecimento. As experiências e os protótipos são ferramentas ágeis porque ajudam a escolher tecnologias e a definir modelos de negócios.

Os mapas de projeto visualizam a maneira pela qual o aprendizado em um determinado projeto se transforma no fundamento do conhecimento em um projeto novo, formando uma base de aprendizados acumulados. Eles projetam a evolução dos produtos nos mercados de acordo com as oportunidades criadas pelas novas tecnologias e modelos de negócios. Como no início do processo criativo é impossível prever as idéias que terão sucesso, é importante usar o fracasso como parte do processo de aprendizado.

As histórias de aprendizado revisam iniciativas e situações passadas para identificar o que realmente aconteceu, o que funcionou e o que não deu certo, e as causas desses eventos. Visam destacar temas recorrentes, como o que fazemos repetidamente que impacta positiva ou negativamente nosso desempenho, quais as conseqüências e por que agimos assim. O objetivo desse processo é disseminar novos conhecimentos tanto entre os participantes desse experimento como entre outros empregados da organização que possam se beneficiar do compartilhamento desse aprendizado.

A estratégia da inovação tem uma natureza dinâmica, aumentando o aprendizado que dá suporte à inovação cada vez que termina um ciclo de vida. No início, o aprendizado se concentra na exploração de novas tecnologias e geração de novas soluções, e os sistemas de aprendizagem se concentram na criação de capacidades tecnológicas ou idéias capazes de grandes modificações nas atualmente disponíveis, tendo por resultado a emergência de uma nova tecnologia que domine o mercado.

Depois, a maioria da empresas investe na melhoria do desempenho da tecnologia no menor prazo possível. À medida que o desempenho dos produtos melhora, as organizações voltam-se para a segmentação de mercado para aproveitar diferentes dimensões dos produtos. Se antes o desafio das empresas era projetar um modelo de negócios capaz de vender a tecnologia, agora o investimento em aprendizado tem por objetivo o conhecimento do mercado para entender as diferenças entre os segmentos.

Quando os segmentos do mercado se estabilizam, a concorrência se transfere para a eficiência na criação de valor para os clientes, seja na cadeia de suprimentos, nos desenhos dos projetos ou na comercialização dos produtos. No estágio final, o foco volta-se para a gestão das complementaridades, que vem da habilidade de maximizar as sinergias entre diferentes produtos e negócios de uma mesma empresa ou dos valores gerados pelos conhecimentos provenientes da formação de uma rede de parcerias.

A implementação da inovação exige a criação de uma mentalidade de aprendizado e mudança e a disponibilidade de sistemas para administrar o equilíbrio necessário entre criatividade e captação de valor. Nas empresas inovadoras, as lideranças implantam sistemas de aprendizado para permitir visões de ameaças e oportunidades e para dar suporte ao planejamento ao proporcionar *feedback* à alta direção.

As redes de inovação são dinâmicas e requerem informação e aprendizado para remodelar e atualizar sua estrutura para que se mantenham atualizadas e não se tornem burocráticas e ineficientes. Os sistemas de aprendizado são instrumentos importantes para implementar a inovação, na medida em que combatem os bloqueios organizacionais e capacitam as organizações a implantar mudanças.

O aprendizado da inovação muda à medida que a empresa e o seu setor de atuação evoluem de um foco inicial em tecnologia até um estágio de maturidade que foca a eficiência. Contudo, a importância do aprendizado nunca muda. Ele continua sendo prioritário para possibilitar o comprometimento da empresa com a constante inovação.

CAPÍTULO 7

Os Diferenciais da Empresa Inovadora

"Bem-vindo a um mundo em que o 'valor' se baseia em intangíveis ... não em objetos pesados, mas em fantasias, sem peso nenhum, da imaginação eletrônica."
Tom Peters

Na economia moderna, como as competências centrais das organizações têm ciclos de vida muito curtos obrigando as que quiserem sobreviver a inovar, na medida em que podem desaparecer ou quando um novo concorrente entra no mercado ou quando surge uma inovação radical. Ambos os casos se referem a empresas que estão constantemente pensando e agindo com o foco no futuro.

A adoção da inovação permite que as organizações tenham condições de redefinir os setores em que atuam, assim como de criar novos setores, conquistar a liderança do mercado e estabelecer as regras da concorrência. O modo como uma empresa inova define o que conseguirá inovar, ou seja, o crescimento de negócios e a liderança serão definidos pela maneira como os componentes da inovação serão distribuídos pelos seus vários setores.

Como já vimos, a implementação da inovação em uma empresa exige a construção de processos de gestão e aprendizado e de uma organização flexível capaz de transformar boas idéias criativas em produtos. O gerenciamento e a conectividade das diversas áreas da empresa assim como sua conexão com clientes e fornecedores e a sua organização – com o estabelecimento de indicadores de desempenho e recompensas – tornam possível a criação de uma empresa inovadora.

Seu foco pode estar em tecnologia ou no desenvolvimento de novos modelos de negócios, o que implica a adoção de novas estratégias, de forma a aproveitar as oportunidades do mercado com o uso das capacidades da empresa.

A inovação é fundamentalmente um processo de gestão, e exige instrumentos, regras e disciplinas específicos, assim como uma estratégia, estrutura organizacional e sistemas de gestão apropriados para estimular a criatividade. Ela requer sistemas de avaliação e recompensas e indicadores de desempenho desde a geração das idéias até a seleção, o desenvolvimento, a configuração de protótipos e a comercialização do produto, para que possa ser contínua. Também deve combinar modelos de negócios e tecnologia para ser mais eficaz, criando vantagem competitiva e crescimento de modo a influenciar os rumos do mercado.

As empresas que quiserem manter-se no mercado devem avaliar seu estado de inovação, analisar suas opções de investimento, desenhar uma estratégia adequada que crie um portfólio equilibrado, combater bloqueios organizacionais e alavancar a tecnologia para desenhar os processos de inovação. Em suma, devem utilizar instrumentos como estratégia, estrutura, liderança e sistemas de gestão e de pessoas, estabelecendo metas e incentivos para medir e recompensar o sucesso da inovação.

7.1 IMPLANTANDO UMA GESTÃO INOVADORA

As inovações são definidas em função da situação, da estratégia, da cultura, tecnologia e da disposição de cada empresa para correr riscos. A fim de ter menos sobressaltos e obter bons resultados, as organizações devem ter um portfólio equilibrado de inovações incrementais, semi-radicais e radicais. Contudo, em geral a maioria utiliza mais inovações incrementais, o que acaba impedindo a implementação das mais radicais, privilegiando o curto prazo à custa da sobrevivência no longo prazo.

De modo a implantar uma gestão inovadora, o CEO deve fazer um diagnóstico da empresa sobre criatividade e captação de valor, avaliar sua maior competência a fim de desenvolver plataformas para os vários tipos de inovação, criar portfólios de projetos em cada uma delas e definir os recursos internos e externos necessários à sua implantação. Ele deve envolver-se pessoalmente para prevenir bloqueios organizacionais capazes de limitar ou destruir os processos criativos e alavancar a inovação com a criação de redes de interconexão para agilizar a colaboração interna e com seus parceiros.

Não existe uma estrutura organizacional apropriada a todos os tipos de inovação. Por isso, as redes precisam se organizar em torno das plataformas de maneira a concentrar os recursos apropriados no portfólio de inovações incrementais, semi-radicais e radicais para mantê-las operando com maior rapidez, melhor qualidade e menor custo. Por sua vez, a estrutura deve adaptar-se à estratégia conforme as características do portfólio, promovendo um equilíbrio entre criatividade e captação de valor. Dessa forma, os elementos da inovação – liderança, estratégia, processos, recursos, indicadores de desempenho e incentivos – e a maneira pela qual são determinados – a estrutura e cultura organizacionais – influenciam a extensão e a qualidade da inovação de uma organização.

Davila Epstein e Shelton identificam sete regras para uma boa gestão da inovação: forte liderança para definir a estratégia de inovação, organizar estruturas e incentivar a criação de valor; inserção da inovação na mentalidade de negócios da empresa; alinhamento com a estratégia de negócios; equilíbrio entre criatividade e captação de valor; neutralização dos bloqueios organizacionais; estabelecimento de redes internas e externas de inovação; e criação de indicadores de desempenho para tornar a inovação gerenciável e produzir a conduta adequada.

O exercício de forte liderança requer que o CEO se concentre na definição do modelo e da estrutura, na escolha da estratégia e na disseminação da cultura da inovação por toda a organização. A liderança precisa definir o balanceamento entre mudanças de tecnologia e no modelo de negócios, assim como escolher a estratégia de "Jogar para Ganhar" ou "Jogar para Não Perder" e, de acordo com ela, o equilíbrio entre inovações radicais e incrementais e as áreas que serão privilegiadas para o sucesso da empresa.

A orientação clara da liderança passa por todos os níveis do grupo, de modo a motivar e recompensar todas as atividades voltadas para a inovação e, dessa forma, integrá-la ao processo operacional e à mentalidade do negócio. O alinhamento da inovação à estratégia estabelece os tipos e a quantidade necessários para dar suporte ao negócio de forma a reduzir a tensão entre criatividade e captação de valor, uma vez que as idéias novas precisam ser transformadas em lucro. A decisão de investir mais em inovação incremental ou radical vai ser tomada em função da escolha da estratégia de "Jogar para Ganhar" ou "Jogar para Não Perder", que, por sua vez, será definida de acordo com as capacidades internas e a situação da concorrência e do mercado,.

Quando está à frente do processo, a liderança neutraliza bloqueios organizacionais como resistências a mudanças de rotinas, normas e cultura organizacional que agem para rejeitar a transformação. Ela tem que criar uma cultura que não fique presa aos sucessos do passado e que estimule o aprendizado e o enfrentamento de riscos.

A liderança também induz à formação de uma rede de inovação que supera os limites da organização, fundindo os recursos internos – P&D, produção e marketing – aos recursos externos – parcerias com clientes, fornecedores e universidades. Finalmente, deve definir e implementar indicadores de desempenho e aprendizado organizacional a fim de garantir a estratégia e a cultura organizacionais, na medida em que a avaliação e as recompensas reforçam os comportamentos adequados e o aprendizado reforça a cultura da mudança e da inovação para enfrentar os novos desafios.

As pessoas podem ser criativas em qualquer área de eficácia, tanto na geração da idéia quanto nos processos, produção e comercialização dos produtos, tendo sempre por foco surpreender os clientes. Hoje em dia, há uma demanda crescente em nossa sociedade por indivíduos e organizações criativos e inovadores que se atrevem a pensar, agir e fazer as coisas de modo diferente, criando novas possibilidades, experiências e valores, e, por isso, são reservadas para eles as melhores recompensas.

Para criar uma organização inovadora, é preciso montar um espaço em que seja possível a adoção de um conjunto diferente de ações, como o questionamento dos conceitos fundamentais da empresa, e em que os empregados não tenham aversão ao risco, uma vez que sem riscos não há inovação nem progresso. Por isso, é necessário quebrar regras, admitir fracassos e tentar novas soluções que possam ser implementadas. As empresas devem desenvolver mecanismos de compartilhamento de risco para reduzir o impacto das perdas que terão até a implantação dos novos produtos.

A maioria dos produtos inovadores resulta de anos de trabalho, com a formulação de hipóteses, elaboração de pesquisas e testes, propostas alternativas em busca de novas idéias para solucionar problemas, implementação de processos e modelos de negócios e a tomada de decisões relacionadas aos projetos e investimentos. Quando se trabalha com inovação é importante lançar mão de todos os sentidos e recursos disponíveis para criar produtos, processos e soluções diferentes das existentes.

A fim de estimular as inovações, as organizações devem contratar pessoas de formações, classes sociais, etnias e culturas diversas, de modo a criar novas oportunidades e perspectivas. As empresas devem estimular seus empregados a se relacionar com pessoas diferentes e conhecer novos lugares a fim de gerar idéias fora do comum, haja vista que a rotina dificulta a criação. Em vez de gastar dinheiro com cursos em que os empregados não aprendem nada novo, devem patrocinar viagens para que aprendam novos negócios e como eles funcionam em mercados, regiões e setores diferentes.

Os líderes devem induzir os empregados ao questionamento de teorias e paradigmas do seu negócio e não aceitar passivamente as regras estabelecidas, pois foi quebrando as normas que várias organizações, como Starbucks e Apple, reinventaram seu mercado. Eles devem promover reuniões informais regulares para a troca de idéias entre empregados de áreas diferentes com especialistas e parceiros.

Os ambientes de trabalho devem ser acolhedores nas empresas de conhecimento intensivo de modo a encorajar a inovação e a criar contextos propícios à geração de conhecimento. Contudo, além de ambientes que estimulem a criatividade, também são necessários métodos, normas e procedimentos para organizar o processo de inovação. Acima de tudo, a organização deve propiciar meios para incentivar seus empregados a imaginar cenários do futuro visando projetar uma mudança completa do seu negócio, já que não vai vender sempre os mesmos produtos aos mesmos clientes.

As pessoas inovadoras gostam de observar e experimentar, por isso devem ser estimuladas a interagir com fornecedores e clientes a fim de absorverem uma visão diferente para ser incorporada ao produto de modo a diferenciá-lo. Aliás, o contato com os clientes é fundamental para a criação de idéias e deve ser mantido com freqüência, mesmo pelas pessoas das hierarquias mais altas na organização.

Normalmente as empresas inovadoras contam com o trabalho de empregados que amam o que fazem porque interagem com pessoas das mais diversas especialidades, têm liberdade de criação no processo de geração de idéias e estão comprometidas com a obtenção de resultados. Empresas burocráticas impedem a criatividade exatamente porque ou isolam ou sufocam as pessoas inovadoras com a exigência de relatórios e planilhas.

Muitas inovações surgem da combinação de idéias e conhecimentos novos e antigos de diversas áreas do saber, da capacidade de observar e da habilidade de ouvir. Para Tom Peters, as organizações, daqui para a frente, terão que "reimaginar" os seus processos de negócios envolvendo tecnologia da informação e telecomunicações, de modo a ter um poder de conectividade total. As redes vão conectar toda a cadeia de valor das empresas e redefinir todos os setores para fazer o que fazem bem e terceirizar o resto, de modo a suprimir a ineficiência e a burocracia. A *web* tornou-se um modo de vida, já que todos os dados das empresas serão ali armazenados e trafegarão por ela.

O trabalho feito com o auxílio da *web* ignora distância, tempo, regras de comportamento e delimitação de autoridade, permitindo novos modos de estruturar as organizações, já que necessita de muito menos gente e possibilita novos meios de interagir para fazer comércio, política, educação e mesmo guerra. O atentado de 11 de Setembro em Nova York e a guerra dos Estados Unidos ao Iraque foram exemplos da importância da rede na vida atual, uma vez que exigiram bem menos gente para o planejamento e a execução das tarefas, que foram feitas pela rede e por mecanismos automatizados.

Hoje em dia, muitas organizações ocupam um espaço físico muito menor não só porque os computadores, mesmo com grande capacidade de armazenamento de dados, são bem menores ou porque têm menos empregados, mas porque liberam muitos deles para trabalhar em casa, já que podem fazer e enviar seus trabalhos pela *web*. Por isso é que a conexão por rede criou oportunidades para as empresas repensarem a sua estratégia, na medida em que sistemas altamente integrados permitem às pessoas estar nos locais mais diversos e fazer as coisas que quiserem, como e quando quiserem.

Em uma organização interligada pela *web*, todos os departamentos e informações não-confidenciais são acessíveis a todos os empregados, e as equipes podem se reunir virtualmente, o que proporciona interligação e independência dos participantes. Além de modificarem a estrutura interna das empresas, as redes também transformam as transações com clientes e fornecedores, criando uma relação de interdependência ao disponibilizarem toda a sua cadeia de suprimentos do fornecedor ao cliente do cliente.

As empresas inovadoras baseiam-se em bens intangíveis, como o capital intelectual e a criatividade, e estão sempre reavaliando a natureza fundamental do seu negócio e se reestruturando. Elas interligam sua cadeia de valor por conexões ilimitadas, com qualidade e serviços apoiados por dispositivos de tecnologia da informação e telecomunicações, que são os requisitos mínimos para buscarem vantagens competitivas.

7.2 GERENCIANDO AS PESSOAS

Os ambientes propícios à criatividade são criados por líderes que selecionam e gerenciam diretamente as pessoas criativas, estimulam os empregados a "pensar o impensável", definem padrões de qualidade e difundem uma nova cultura propícia a mudanças constantes de paradigma. Os líderes devem redesenhar a cultura e a estrutura da empresa por meio do planejamento de cenários, da interatividade entre pessoas das mais diversas áreas, gerenciando as equipes de criatividade, solucionando conflitos e marcando presença em todos os níveis da criação.

A organização deve investir primordialmente em capacidades difíceis de copiar e no aproveitamento das oportunidades percebidas de modo a redefinir a competição, criando grandes desafios a partir do reconhecimento das situações externas. Em uma organização inovadora, a criatividade deve ser uma prioridade, e, por isso mesmo, o líder deve arquitetar as mudanças com o intuito de disseminar um ambiente e uma cultura criativos.

A alta direção deve reestruturar o sistema organizacional de crenças, gerenciar sistemas de comunicações e de marketing eficazes, tanto interna como externamente, flexibilizar a estrutura para propiciar cooperação e integração pelo uso de redes e estimular os desafios, de modo a motivar as pessoas para a mudança. Eles devem ser os primeiros a instilar a criatividade e o pensamento diferente nos seus liderados, assim como a buscar contribuições externas, ainda que divergentes, a fim de reunir pontos de vista diversos até se encontrar uma solução.

Os líderes devem estar sempre reinventando, criando desafios, orientando os processos de mudança de comportamento em todos os níveis da organização, por meio de comunicações claras e eficientes, para aproveitar as oportunidades, de modo a estabelecer empatia com seus empregados e a desenvolver o consenso em relação à mudança. Eles devem investir de *empowerment* os que estiverem envolvidos na criação, produção, comercialização e relacionamento com os clientes e fornecedores para impulsionar o processo de mudança.

Todos os níveis hierárquicos, assim como todos os setores, devem ser envolvidos no processo de mudança, tanto criando como aprovando idéias criativas, negociando recursos para sua implementação e promovendo a cooperação de todos os participantes em torno das novas idéias para que se transformem em produto. Apesar de estimularem a livre discussão, devem estabelecer limites e disciplina no processo de inovação, gerenciando a criatividade de forma intencional e sistemática.

O trabalho em equipe é essencial em uma empresa inovadora e deve incluir pessoal da empresa, do cliente e do fornecedor para a criação de valor mútuo na resolução dos problemas no momento em que aparecerem. Os empregados precisam trabalhar com metodologias definidas e administrar e aperfeiçoar todas as dimensões, que incluem os processos, a tecnologia, o conhecimento e a percepção dos clientes.

Os empregados de uma organização devem interagir permanentemente uns com os outros de modo a gerar valor para os clientes, criando um ambiente de colaboração, formulando soluções de maneira participativa, comunicando-se com freqüência e interagindo eficientemente com os clientes. Os conhecimentos mais relevantes são os provenientes do relacionamento com os clientes. Por isso as empresas devem ter um canal direto de comunicação com eles, em processos conjuntos de criação de conhecimento, de modo a desenvolver fortes vínculos para ampliar suas capacidades de atendimento e gerar satisfação e fidelidade.

As equipes interempresariais que resolvem juntas os problemas criam um relacionamento de cooperação e permanecem ligadas mesmo após a solução das questões. Dessa forma, as empresas devem manter processos para preservar o envolvimento do cliente e dos fornecedores em múltiplos níveis dentro da empresa, de modo a facilitar a criação, o desenvolvimento e a comercialização dos produtos e o relacionamento entre eles.

Para incentivar a motivação dos empregados e melhorar o atendimento das necessidades dos clientes, os gerentes devem criar equipes multifuncionais com componentes das áreas de criação, engenharia, tecnologia da informação, marketing e vendas, em parceria com os clientes, fornecedores e distribuidores. Às vezes, até mesmo os concorrentes devem ser envolvidos, por meio de parcerias para a troca de informações, a fim de melhorar o alinhamento do seu pessoal, dos seus processos, de seus sistemas e das suas estratégias para a criação de valor para todos os envolvidos.

As pessoas devem trabalhar em equipe, formando parcerias internas e externas, inclusive trabalhando dentro da empresa de seus clientes, fornecedores e distribuidores, para terem uma visão melhor do problema e poderem desenvolver produtos personalizados, talhados para as necessidades dos clientes. A empresa recebe orientações dos clientes para transmitir aos fornecedores de modo que eles planejem e desenvolvam os insumos de acordo com as especificações desejadas pelos clientes.

No estágio atual da tecnologia, com a invenção de máquinas cada vez mais poderosas, 80% dos empregos desaparecerão ou serão reconfigurados de forma irreconhecível nos próximos 15 anos, uma vez que são atividades repetitivas facilmente substituíveis por máquinas. De modo geral, os países desenvolvidos já estão promovendo uma terceirização do trabalho, com a substituição dos empregados por computadores e robôs e a transferência progressiva para a mão-de-obra mais barata de países menos desenvolvidos. No entanto, o mercado para trabalhos criativos vai aumentar substancialmente, uma vez que é fundamental para a inovação.

De acordo com Tom Peters, as novas tecnologias já estão provocando uma completa reinvenção das empresas e das carreiras das pessoas. O trabalho cansativo e repetitivo pouco a pouco está passando a ser realizado por microprocessadores, e já começa a haver uma rotatividade de alianças organizacionais, inclusive com concorrentes, em função dos interesses dos projetos. Os produtos e serviços vão passar a ser renovados não mais em intervalos de anos, mas de semanas.

Os empregados vão fazer, testar e ajustar rapidamente os produtos em vez de planejar e replanejar. Essa postura vai criar instabilidade, já que o valor das pessoas estará relacionado não mais ao posto de trabalho ou à hierarquia, mas às habilidades e competências dos que geram as idéias. As empresas não vão mais trabalhar com funcionários, mas com talentos, sempre prontos a criar produtos e serviços novos que beneficiem toda a cadeia de valor, ou seja, os fornecedores, a própria empresa e os clientes e, conseqüentemente, gerem valor.

Até o visual das empresas será modificado, de prédios altos para construções horizontais baixas, para facilitar a interação das pessoas e criar um ambiente mais inspirador. O trabalho das pessoas será feito em grupos que serão modificados a cada projeto, e a comunicação será feita, na maior parte das vezes, por interligação pela *web*, em lugar de reuniões presenciais.

De acordo com Tom Peters, as empresas devem destruir seus departamentos e montar "Firmas de Serviços Profissionais", agressivas, imaginativas e empreendedoras, de modo a criar fontes de trabalho criativo e de valor empresarial agregado. Elas devem motivar seus talentos e estimular o uso de sua "audácia, imprudência, originalidade e criatividade" para executar projetos diferentes, que se distingam de tudo que está sendo feito atualmente.

As transformações devem ser substanciais e incluir modificações em todos os sistemas de compras e logística, de informações, de gestão financeira e de gestão de pessoas. Como as pessoas de talento são revolucionárias, defensoras de mudanças ousadas e de tecnologias inovadoras, e estão sempre querendo reinventar as coisas, as organizações devem dar liberdade para as suas criações, sempre estabelecendo metas para a sua disciplina, de modo a transformar idéias em produtos comercializáveis.

Dessa maneira, o valor agregado das empresas inovadoras é criado com base no capital intelectual, descortinando uma autêntica era da criatividade. Por causa disso, a gestão de recursos humanos deve energizar todo o processo de criação de valor, de modo a colocar a empresa na dianteira da inovação.

O departamento de Recursos Humanos, ou de Gestão de Talentos, representa um papel fundamental na transformação de uma empresa que quer ser inovadora, a começar pela sua própria mudança para funcionar como um firma terceirizada fornecedora de mão-de-obra cujas funções devem ocorrer *on-line*. Deve utilizar a *web* em todas as suas atividades para que estas estejam disponíveis a todos os funcionários, de modo que eles possam se empenhar no gerenciamento autônomo de suas carreiras.

O departamento de Recursos Humanos deve tornar-se um centro de consultoria para servir às organizações, desde o recrutamento de novos funcionários até a seleção, alocação e treinamento de empregados para projetos específicos. Também será muito importante para a orientação do processo de avaliação de desempenho e dos sistemas de benefícios, reconhecimento e recompensa, que são processos-chave em empresas inovadoras, na medida em que afetam diretamente a motivação dos empregados.

Todos os departamentos de uma organização inovadora – Recursos Humanos, Financeiro, Tecnologia da Informação, Suprimentos, Logística, Engenharia, Marketing, Vendas – devem ser transformados em produtos. Por outro lado, todas as atividades, desde gerenciamento, políticas e processos até recrutamento, treinamento, benefícios, avaliação e remuneração, devem ser disponibilizadas na rede e acessíveis a todos os empregados.

As empresas devem terceirizar as atividades em que não forem boas e transformar as suas competências em um centro de fornecimento de recursos, e a alta direção deve ser a responsável por desenvolver talentos e equipes e criar os portfólios de projetos, de forma a minimizar os riscos e a estimular a criatividade e a inovação.

7.3 ORIENTANDO PARA OS CLIENTES

A fim de se posicionar no mercado, uma empresa deve avaliar os tipos de clientes aos quais quer se dirigir, se aos "não-clientes", aos "clientes não-saciados" ou aos "clientes saciados insatisfeitos". O conhecimento de cada um desses grupos cria oportunidades específicas, como o lançamento de inovações disruptivas radicais para alcançar os não-clientes, inovações incrementais em mercados exigentes (sofisticados) para alcançar os clientes não-saciados, e inovações incrementais de baixo mercado (baixo preço) para conquistar os clientes saciados insatisfeitos.

A fim de predizer quais as inovações disruptivas que estão surgindo e de que maneira vão afetar a maioria dos clientes de um mercado no futuro, é preciso observar os segmentos de baixo mercado, os novos mercados e os novos contextos. O primeiro passo é a identificação dos não-clientes, seguido pela avaliação da satisfação dos clientes atuais. Nas classes sociais mais altas estão os clientes mais exigentes, que são os clientes não-saciados, enquanto nas classes de baixo poder aquisitivo estão os menos exigentes que são os clientes saciados insatisfeitos.

Os não-clientes nem sempre têm habilidades, poder aquisitivo ou acesso a produtos mais sofisticados. Muitas vezes até contratam terceiros para selecioná-los por eles ou improvisam uma solução pouco satisfatória. Os produtos e serviços têm que auxiliá-los a fazer de forma mais adequada o que estão tentando fazer sem sucesso. Para eles, as empresas devem criar inovações completamente diferentes das existentes, que são as disruptivas de novo mercado, que, em geral, têm uma taxa de crescimento explosiva no novo mercado ou em um novo contexto de uso.

A existência de não-clientes baseia-se nas limitações que algumas características dos produtos existentes causam no consumo porque as pessoas não dispõem de grande poder aquisitivo, habilidades especiais ou treinamento para comprá-los. As empresas conseguem atraí-los com inovações disruptivas de novo mercado (novidades) ou lançando produtos e serviços relativamente simples e pouco dispendiosos, que facilitem suas vidas ou que os ajudem a realizar com mais facilidade e eficiência o que já tentavam fazer, em vez de forçá-los a mudar o comportamento ou a adotar novas prioridades. É o caso, por exemplo, de equipamentos eletrônicos que são dispendiosos porque contam com características sofisticadas que são desnecessárias, tanto que não são usadas.

No caso do lançamento de produtos simples e baratos, as inovações disruptivas de novo mercado carecem de algumas funcionalidades básicas dos produtos existentes, porém trazem outros benefícios, como conveniência, maior adequação e preços mais baixos. Já o lançamento de produtos mais eficientes requer que as empresas facilitem o acesso dos clientes a coisas importantes que querem fazer mas nunca puderam. As inovações disruptivas de novo mercado são as que têm o maior potencial para a mudança de longo prazo de um setor e, por conseguinte, provocam altas taxas de crescimento de mercado, uma vez que atingem mercados não-alcançados.

A fim de identificar não-clientes, as empresas devem mapear a cadeia de entrega do produto ou serviço. Muitas vezes, a natureza dispendiosa de alguns produtos novos impede o seu consumo pelas pessoas que mais necessitam deles. No entanto, as organizações procuram modificá-los para reduzir seus custos, aperfeiçoando-os, criando eficiências capazes de reduzir seus preços e torná-los disruptivos viáveis para um grupo mais amplo de clientes.

Os clientes não-saciados são aqueles que, apesar de comprarem um produto, se frustram com suas limitações na medida em que não satisfazem plenamente suas necessidades. Preferem outros produtos e se mostram dispostos a pagar mais por melhorias que venham ao encontro de suas expectativas e desejos. Nesse caso, as empresas devem fazer novos produtos e serviços ou melhorar os atuais e dirigi-los aos mercados exigentes. Tanto as organizações integradas como as mais especializadas são mais bem sucedidas porque se empenham em criar inovações incrementais ou mesmo radicais para os mercados exigentes.

Os produtos existentes não são satisfatórios em pelo menos uma dimensão de desempenho que esses clientes consideram fundamental. Em um primeiro momento eles tendem a valorizar o desempenho em termos de funcionalidade e de confiabilidade. Uma vez atendidos, passam a expressar sua insatisfação com as limitações e recorrem aos serviços de atendimento pós-venda para apresentar soluções criativas, de modo a tornar os produtos mais satisfatórios para eles. De qualquer forma, estão sempre dispostos a pagar mais por produtos novos e de alto desempenho.

Quando os clientes não se sentem plenamente atendidos, criam oportunidades para que as empresas lancem inovações incrementais lucrativas, melhorando a qualidade ou a eficiência, ou incorporando serviços e atendimento melhores ou oferecendo produtos a preços mais atraentes. As inovações em mercados exigentes podem ser melhorias radicais, que são mais complexas, complicadas, interdependentes e dispendiosas, como é o caso da telefonia que passou de tecnologia analógica para digital e a televisão que deixou de ser em preto-e-branco para ser em cores. Também podem ser incrementais, cuja influência tem menor impacto, como no caso do PABX telefônico para a distribuição de chamadas.

As empresas integradas e inovadoras são eficientes na gestão das duas formas de inovações em mercados exigentes, embora a integração seja imprescindível apenas nas radicais, já que melhora as interdependências entre compatibilidade e interoperacionalidade. As inovações incrementais para alcançar os clientes não-saciados constituem maneiras de explorar melhor o crescimento potencial, uma vez que sua plataforma básica já tenha sido estabelecida.

Os clientes saciados insatisfeitos são aqueles que deixam de pagar por novas melhorias de desempenho que no passado permitiram elevar os preços, uma vez que os produtos são satisfatórios e não precisam de sofisticação. Representam um novo modelo de negócio orientado para o atendimento dos clientes menos exigentes para os quais as empresas devem criar inovações disruptivas de baixo mercado visando atingir os segmentos menos sofisticados, e estão fundamentadas basicamente na simplicidade e em preços baixos.

Muitas empresas, quando aperfeiçoam os seus produtos e serviços, criam facilidades que superam as necessidades dos seus clientes, ultrapassando suas expectativas. Foram baseadas no mercado futuro, e, por isso, não acompanham o ritmo de mudança de vida dos seus clientes. Esse tipo de inovação pode criar substanciais oportunidades de crescimento de mercado e alterar a base de concorrência de um setor, uma vez que estão mais voltadas para o aproveitamento de novas tecnologias do que para a satisfação das necessidades atuais.

Os clientes saciados insatisfeitos pagam cada vez menos pelas melhorias que costumavam valorizar porque são indiferentes aos benefícios marginais introduzidos, já que as empresas acrescentam novas funções que nunca usarão. Esses clientes, uma vez que a funcionalidade e a confiabilidade se tornaram suficientemente satisfatórias, voltam-se para a facilidade do uso, a conveniência e a personalização. Somente depois que as empresas preencherem todos os requisitos dos clientes é que o preço passa a ser o único diferencial na competição. Nos outros estágios, os clientes ainda se dispõem a pagar preços mais elevados como forma de reconhecimento pelos benefícios acrescentados.

Depois, as empresas que quiserem continuar a atendê-los têm que implementar inovações radicais, porém voltadas para o preenchimento desses atributos. Esses clientes podem proporcionar mudanças como as inovações disruptivas de baixo mercado que florescem entre os clientes saciados insatisfeitos, o deslocamento da concorrência com a entrada de empresas especializadas e o aparecimento de novos padrões e regras que permitem que os próprios fornecedores criem produtos e serviços para atender aos requisitos mínimos desses clientes.

Embora, de modo geral, não estimulem a criação de mercados novos com potencial de crescimento, esses clientes podem criar empresas com potencial de expansão utilizando-se das inovações disruptivas de baixo mercado. Essas organizações têm por objetivo trabalhar com os clientes menos exigentes da empresa-líder que usam os seus produtos e serviços porque são as únicas alternativas de que dispõem, mas estão insatisfeitos, já que estão pagando por funcionalidades que não têm importância para eles. Por isso, trocam a líder por outra que ofereça preços mais baixos ou mais conveniência.

Um sinal de inovação disruptiva de baixo mercado é a criação de um modelo de negócio lucrativo diferente dos utilizados pelas empresas tradicionais que trabalham com custos mais baixos, giro mais alto de estoque, preços menores e terceirização de algumas atividades intensivas em mão-de-obra. Tanto os não-clientes como os clientes não-saciados e os clientes saciados insatisfeitos apresentam oportunidades para o surgimento de novas empresas, assim como de mudanças nos modelos de negócios.

A empresa líder pode ter uma parcela de mercado tomada por prestadoras de serviço especializadas que apresentam inovações em uma atividade específica da cadeia de valor. Os deslocamentos não se orientam para os clientes menos exigentes, como fazem as disrupções de baixo mercado. Seu foco volta-se preferencialmente para a camada superior do mercado orientada para a sofisticação, na qual podem ter lucros maiores. Os deslocamentos não visam a modelos de negócios de baixo custo ou acréscimos de desempenho em produtos com limitações. Os especialistas focam em determinados detalhes dos produtos e serviços para provocar os deslocamentos, como foi o caso do aparelho de fax, do modem e dos roteadores de chamadas telefônicas.

A criação de interfaces modulares possibilita o aparecimento de empresas especialistas e a conseqüente terceirização de atividades, mas os gestores devem especificar de maneira clara seus aspectos importantes para possibilitar a verificação da adequação, de modo a permitir a interoperabilidade de equipamentos de fabricantes distintos. Como resultam em especialização, os deslocamentos podem facilitar uma disrupção de baixo mercado, na medida em que uma nova empresa pode oferecer novos benefícios quando está voltada para poucos elementos da cadeia de valor.

A interação entre as empresas, os fornecedores e os clientes também possibilita inovações disruptivas tanto de novo mercado quanto de baixo mercado, na medida em que essa parceria em um setor possibilita a criação de um modelo de negócio que pode oferecer um produto de boa qualidade a um custo bem menor. No entanto, as empresas pioneiras são obrigadas a resolver seus problemas tecnológicos e de desenvolvimento de produto de forma experimental porque ainda não têm um conhecimento estruturado sobre as relações de causa e efeito entre os elementos da cadeia de valor.

À medida que as empresas evoluem e ganham experiência na solução dos problemas, começam a identificar padrões de causa e efeito e passam a estruturar sistemas de modo a estabelecer regras para orientar o desenvolvimento de produtos que permitem sua elaboração por pessoas menos experientes e com pouco conhecimento especializado.

As organizações voltadas para a criação de melhorias incrementais geram as regras de concorrência do setor para acelerar o seu processo de desenvolvimento. As regras são estabelecidas a fim de permitir a fragmentação dos problemas, de modo que grupos separados possam trabalhar de forma independente sobre componentes ou subsistemas e conectá-los no final, o que permite que uma empresa de menor capacidade técnica se transforme em montadora de produtos modulares.

As inovações disruptivas de baixo e de novo mercados devem ser entendidas como extremidades de um contínuo, já que o estabelecimento de padrões e a interconectividade interna e externa das organizações permitem que elas desenvolvam rapidamente produtos e serviços satisfatórios, mas implicam ajustes e negociações para aumentar a velocidade e a flexibilidade.

As empresas que entram no mercado para aproveitar essas mudanças organizam-se de formas bem distintas das empresas líderes do setor a fim de se diferenciar, utilizando apenas algumas atividades de valor da cadeia. Quando a confiabilidade e a funcionalidade dos produtos ultrapassam as necessidades dos clientes, aproveitam a conveniência, a personalização e os preços baixos para se diferenciar das empresas líderes. Da mesma forma, para oferecer o máximo de funcionalidade e confiabilidade, adotam um tipo especial de integração e organização dos diferentes estágios da cadeia de valor.

Quando a funcionalidade e a confiabilidade são inadequadas, as empresas que tentam maximizar o desempenho integram os elementos críticos do desenho e manufatura de produtos e serviços. Essa forma de integração já não se faz necessária quando as empresas resolvem os problemas relacionados ao desempenho e podem oferecer partes satisfatórias de um produto ou serviço em pontos definidos da modularidade.

Dois fatores são abundantes em ambientes de inovação: a motivação – definida como os incentivos do mercado para inovar – e a capacidade – definida como a possibilidade da obtenção de recursos para transformá-los em produtos e serviços e oferecê-los aos clientes. Tanto a motivação como a capacidade de uma empresa para inovar são afetadas por fatores como os sindicatos, as normas culturais, o estado do desenvolvimento tecnológico, sua infra-estrutura e a regulamentação governamental.

As empresas inovadoras precisam mapear sua motivação e suas capacidades internas para verificar se o contexto é favorável aos diferentes tipos de inovação e identificar as principais barreiras internas e externas. Geralmente, quando empreende ações voltadas para a melhoria das deficiências críticas em motivação ou capacidade das organizações, o governo provoca uma expansão do mercado para a inovação.

A *web* é intensivamente responsiva e centrada no cliente, que é quem comanda, controla e recebe os seus produtos e serviços sob medida, já que a rede possibilita a personalização, que pode ser desenvolvida rapidamente em conformidade com os requisitos particulares e imediatos do cliente. O uso intensivo da *web* para integrar e conectar toda a cadeia de suprimento e demanda do fornecedor do fornecedor ao cliente do cliente é baseado em conhecimento e possibilita livre acesso a todas as informações, sem limitações de tempo, localização, velocidade e conveniência.

Dessa maneira, a Internet insere as empresas na era do cliente, uma vez que os clientes passam a ter acesso às informações relevantes, sem nenhum tipo de cadeia de autoridade. As empresas que utilizam sistemas de relacionamento com os clientes – o CRM (*Customer Relationship Management*) – têm condições de proporcionar uma ligação de intimidade com eles, na medida em que armazenam informações de todos os contatos, assim como dos seus perfis e gostos.

O objetivo final dos sistemas de relacionamento é dispor de um serviço mais personalizado, na medida em que utiliza o conhecimento armazenado sobre o perfil e transações passadas, de modo a oferecer o inimaginável, ou seja, produtos desenvolvidos especialmente para atender não só às necessidades dos clientes mas de acordo com a sua própria personalidade e estilo de vida.

7.4 FOCANDO NOS RESULTADOS

A fim de atingir resultados, os líderes devem comandar os rumos e as decisões da inovação de modo a motivar os empregados e obter financiamentos para os investimentos da empresa. Eles decidem a estratégia de inovação que vai ser utilizada, assim como o nível de riscos, o montante dos investimentos, a opção tecnológica e o equilíbrio do portfólio de inovação. Também comunicam claramente os rumos da empresa ao longo de todos os níveis, de modo a capacitar os gerentes e integrantes da rede de inovação a executá-la, de maneira a demonstrar para os empregados o seu compromisso com a inovação.

A inovação do modelo de negócios também é muito importante, na medida em que descreve a maneira como a empresa cria, vende e agrega valor aos clientes, incluindo a cadeia de suprimentos e os segmentos preferenciais de clientes. Foi o modelo de negócios que levou muitas empresas a trabalhar com a personalização dos seus produtos e serviços de acordo com os desejos e as necessidades dos clientes.

O crescimento pela inovação exige que a empresa adote um conjunto equilibrado de inovação incremental, que são pequenas mudanças que agregam valor, semi-radical e radical, na medida em que o tipo de inovação influi no retorno do investimento e, conseqüentemente, na vulnerabilidade da empresa.

A inovação está baseada em duas atividades, uma operacional – a pesquisa e desenvolvimento (P&D) de novos produtos – e outra estratégica – a definição do modelo de negócios, que devem estar integradas em um processo. Ela requer recursos, competências e experiências que se encontram espalhados pela empresa, assim como em outras organizações e instituições, e implica esforços que devem ser coordenados para levar uma idéia desde a sua criação até a sua implementação, e só terá sucesso se fizer parte da mentalidade do negócio e da cultura organizacional.

A organização deve estar alinhada em torno da estratégia de inovação escolhida e deve adaptar-se aos rumos do setor do negócio. O peso e o tipo de inovação devem adequar-se à estratégia da empresa, que o CEO vai definir de acordo com a situação do mercado e da concorrência externa e com os recursos internos. Ao mesmo tempo, a inovação requer processos, estruturas e recursos para administrar a criatividade e implementar comercialmente esses novos conceitos de modo a agregar valor aos clientes.

Um bom exemplo de administração do processo criativo é visto, por exemplo, na direção de filmes, peças e novelas, em que o diretor tem que administrar as necessidades individuais, o temperamento dos artistas, as câmeras, a produção, os patrocinadores e os executivos do estúdio, assim como antecipar os desejos do mercado. O diretor precisa manter-se focado no roteiro, no trabalho dos atores, no prazo de finalização, no orçamento e nos resultados a serem atingidos para não ter problemas com os investidores e para agradar ao público.

As estruturas organizacionais muitas vezes são uma barreira à inovação porque, mesmo que as equipes de P&D criem boas idéias potencialmente lucrativas, as unidades de negócios não as desenvolvem e comercializam. Por isso, a inovação exige dos líderes uma mistura de liberdade e disciplina tanto para criar como para desenvolver e comercializar um produto, de forma a captar valores, assim como uma estratégia clara, processos bem-definidos, a administração da criatividade e a criação de uma cultura organizacional, a fim de diminuir a resistência dos empregados.

A inovação requer uma cultura aberta a questionamentos, ao aprendizado e aos riscos, para aprender com os fracassos, e que tenha o foco em resultados. Uma cultura que promove a inovação depende da comunicação entre todos os integrantes da organização, assim como dela com seus clientes, fornecedores, parceiros, concorrentes e empresas de outros setores. Daí a necessidade do desenvolvimento de uma rede aberta e de mútua colaboração que considere a complexidade das motivações e dos objetivos diferenciados das parcerias para ter eficiência.

Essas redes devem incluir pessoas dotadas de conhecimentos pertinentes à especialização tecnológica, às cadeias de suprimentos e de distribuição, aos produtos e serviços e à comercialização. Empresas de sucesso como Coca-Cola e DuPont recorreram às plataformas de inovação a fim de empregar os recursos corretos nos planos interno e externo e transformar a inovação em parte integrante de suas atividades. Outras implantaram departamentos isolados com recursos da empresa e de sócios externos – as incubadoras – para isolar a inovação, só que, com esse sistema, apenas aumentaram a resistência interna à aprovação dos projetos.

Quando as organizações usam como indicadores apenas o número de produtos lançados e o lucro obtido com eles e estabelecem recompensas para melhorar o seu desempenho, de modo geral estimulam o investimento em produtos incrementais. Elas bloqueiam a motivação para inovações radicais porque, além de demorarem mais tempo para implementar, incorrem em riscos, na medida em que podem dar prejuízo assim que são lançadas. Para estimular as equipes, as empresas devem gratificá-las de forma diferenciada e avaliar em um período de tempo maior para esperar por sua maturação.

Em geral, as idéias são geradas nos departamentos de marketing das unidades de negócios, que negociam com os grupos de desenvolvimento de novos produtos e com os responsáveis pelos investimentos para levar até a comercialização. Caso não exista recompensa para desenvolver inovações radicais e os empregados sejam avaliados pelo cumprimento de objetivos de curto prazo, cria-se um bloqueio à inovação radical. As organizações precisam contar com sistemas de avaliação, de motivação e de recompensas diferenciados por tipos de inovação, mudando o foco para uma perspectiva equilibrada de curto e longo prazos para obter resultados, a fim de encorajar as inovações radicais.

O ciclo de resultados começa pela liderança e termina pelos indicadores de desempenho e recompensas para criar as ligações motivacionais e comportamentais necessárias à inovação. Os líderes devem estruturar e sistematizar processos criativos e criar critérios objetivos para avaliar a criatividade dos empregados e definir indicadores para mensurar capacidades como:

- números de idéias geradas e das transformadas em produtos;
- percentual de receita gerado por idéias com menos de cinco anos;
- números de idéias em processamento nas áreas de criação e implementação;
- investimentos em idéias e capacidades criativas nas diversas áreas;
- número de talentos contratados;

- número de treinamentos; e
- eficácia dos sistemas implantados para medir o desempenho criativo.

As empresas focadas em resultados devem dar autonomia para os empregados fazerem suas atividades, buscar clientes exigentes e inovadores, automatizar seus processos e criar redes de conexão para integrar a empresa internamente e com seus parceiros. O fluxo de idéias e a sua transformação em produtos vão depender da capacidade da organização de alavancar os seus talentos.

As organizações devem criar indicadores de desempenho que visem avaliar:

- **Atitudes**
Domínio de processos e informações que agreguem valor e atitudes proativas, sonhadoras e orientadas para resultados.

- **Valores**
Produção de valor na infra-estrutura, produção, logística, distribuição, venda e relacionamento.

- **Comprometimento**
Da liderança, das equipes de criação, produção e comercialização e com parceiros, clientes e fornecedores.

- **Empreendedorismo**
Ações na criação, produção e comercialização para atender aos objetivos da organização.

- **Mudanças**
Adaptação de soluções aos cenários de incerteza e diferenciação para a criação de valor aos clientes.

Um ambiente favorável à concepção de idéias pode ser verificado pela disponibilidade de recursos como:

- **Talento**
Mede o nível e a eficácia do recrutamento, treinamento e alocação de empregados.

- **Capital**
Quantifica os fundos disponíveis para a concepção e o desenvolvimento no processo orçamentário.

- **Conhecimento**

    Mede o desenvolvimento e a utilização de plataformas de gerenciamento de conhecimento para apoio a grupos internos e externos.

- **Sistemas de Gestão**

    Medem qualidade da informação, planejamento, alocação de recursos e sistemas de incentivos para premiar as idéias.

- **Comunicação**

    Mede o nível de conhecimento dos empregados sobre estratégia e portfólio de projetos de inovação.

Segundo Davila, Epstein e Shelton, também devem ser analisados indicadores para mensurar a Cultura, a Interação, a Estratégia, os Processos e os Sistemas. Para avaliar a criação de valor nas iniciativas de inovação, esses indicadores devem enfocar as dimensões de Insumos, Processos, Produtos e Resultados.

Entre os indicadores para mensurar a Cultura estão: ligados aos insumos – percentagem de pessoas qualificadas por projeto, qualidade dos novos contratados, motivação das equipes; ligados aos Processos – treinamentos, esforços de comunicação, número de idéias de planejamento; ligados aos Produtos – sugestões dos funcionários, comprometimento dos funcionários, mudança nas competências centrais; e ligados aos Resultados – custo da atitude errada, mudança nos índices de receita por funcionário.

Entre os indicadores para mensurar a Interação estão: ligados aos Insumos – acordos sobre pesquisas com parceiros, infra-estrutura de TI para apoiar grupos de interesses, habilidades para atividades em redes; ligados aos Processos – *workshops* sobre inovação e criatividade, grupos de interesse, número de contatos com parceiros; ligados aos Produtos – qualidade das idéias financiadas, alianças para o desenvolvimento de idéias, investimentos em novos projetos; e ligados aos Resultados – percentagem das vendas conjuntas com parceiros, percentagem de vendas de idéias de origem externa.

Entre os indicadores para mensurar o entendimento da Estratégia estão: ligados aos Insumos – fundos disponíveis, profundidade dos conhecimentos; ligados aos Processos – *workshops* de comunicação, informação competitiva, consciência dos investimentos dos concorrentes em inovação; ligados aos Produtos – mapa de inovações, entendimento da estratégia da empresa, percentagem do crescimento relativa à inovação; e ligados aos Resultados – expectativas de vendas com inovações incrementais e com inovações radicais, ambas em relação à concorrência.

Entre os indicadores para mensurar os Processos e Sistemas estão: ligados aos Insumos – qualidade dos processos de alocação de recursos e de contratação, eficácia dos sistemas motivacionais, delegação de responsabilidades (*empowerment*); ligados aos Processos – qualidade dos programas de treinamento, dos *workshops*, dos colaboradores externos e dos sistemas de planejamento; ligados aos Produtos – fundos destinados à inovação, eficácia dos sistemas de planejamento, melhoria dos conhecimentos; e ligados aos Resultados – custo de desenvolver e manter uma infra-estrutura, custos reais *versus* projetados para planejamento e gestão do conhecimento.

O objetivo dos sistemas de avaliação dos portfólios é avaliar o equilíbrio das várias iniciativas de inovação ao longo de algumas dimensões como:

- **Tempo de Maturação**
  Prazo decorrido da concepção do projeto até o retorno do investimento feito.

- **Risco**
  Avaliação subjetiva baseada em experiência prévia e conhecimento pessoal da tecnologia, modelo de negócios ou execução do projeto.

- **Valor**
  Orçamento do projeto medido pela expectativa de lucros e de valor agregado e retorno sobre o investimento ou sobre os ativos.

- **Tipo de Inovação**
  Alinhamento dos investimentos à estratégia de inovação, medido pelo equilíbrio entre projetos incrementais, semi-radicais e radicais.

- **Estágio de Implementação**
  Distribuição dos projetos nos estágios de pesquisa, desenvolvimento, demonstração e comercialização.

Um sistema de avaliação precisa descrever os tipos de recursos requeridos, sua disponibilidade e alocação aos projetos e plataformas de inovação, assim como deve proporcionar a visualização da evolução dos projetos em execução com informações sobre os aspectos relevantes de cada um, o grau de utilização da capacidade do sistema e o grau de alavancagem da plataforma. O sistema vai avaliar se o modelo de negócios e os indicadores estão corretos, se há limitação de capacidade em termos de tecnologia da informação, a sua adequação e a qualidade dos dados.

Os indicadores de inovação devem ser flexíveis, de modo a variar conforme os processos, níveis organizacionais e tempo, e devem estar diretamente relacionados à estratégia e objetivos da inovação e ao modelo de negócios, em especial aos níveis de planejamento, monitoração e aprendizado, a fim de contribuir para o bom gerenciamento da organização.

Uma organização inovadora convive com uma série de paradoxos como, ao mesmo tempo, conservar as melhores práticas e assumir riscos, ser controladora para garantir investimento em inovação e dar autonomia aos empregados para criar e inovar e ter foco para ganhar agilidade e apostar na diversidade de pessoas e métodos.

A liderança, em especial o CEO, constitui o diferencial da criação e sustentação da inovação, uma vez que é a responsável pela condução da empresa no desenvolvimento de novos modelos de negócios e novas tecnologias. Cabe à liderança definir a estratégia de inovação e integrá-la à estratégia de negócios, identificar o papel dos modelos de negócios e das tecnologias capazes de gerar valor, projetar os portfólios e determinar o nível de inovações incrementais, semi-radicais e radicais em cada um deles.

No entanto, o principal papel do CEO consiste em tornar a inovação parte integrante da cultura da empresa. Para isso, a liderança deve desafiar os empregados a gerar idéias que surpreendam os clientes, dar suporte à estratégia de inovação com processos e sistemas de gestão, mostrar os rumos da organização, comprometer-se em gerar recursos, liderar pelo exemplo, comandar a inovação e criar uma cultura receptiva a novas idéias e a mudanças.

A cultura da inovação proporciona a mentalidade de negócios para que ela seja criada, o que deve ser feito pela implantação de avaliações de desempenho e de incentivos aos empregados, de modo a estimular as mudanças e a formação de um comportamento inovador adequado, fazendo com que eles mudem sua maneira de agir e de pensar sobre os objetivos e a estratégia da organização.

CAPÍTULO 8

Alguns Exemplos de Inovação

> *"Passamos trinta anos automatizando os procedimentos do passado."*
> Michael Hammer

O homem sempre usou a criatividade para criar ou modificar elementos da natureza para a sua sobrevivência. No decorrer dos anos, foram surgindo muitas inovações que mudaram completamente o modo de vida do ser humano. Na sua evolução, principalmente a partir do momento em que deixou de ser nômade e se fixou à terra, foi criando várias coisas para se defender, buscar e armazenar comida, se comunicar, se locomover, morar, cuidar da saúde e ter melhor qualidade de vida.

O homem usou a criatividade para engendrar maneiras de enfrentar as adversidades impostas pelo meio ambiente em que vive, e foi modificando as mais variadas esferas da vida, gerando importantes inovações que transformaram a sua maneira de viver e que até hoje servem de base para outras inovações.

▪ Em Defesa

No campo da defesa, o homem utilizou elementos da natureza para criar instrumentos como o machado, em que amarrou uma pedra a um galho de árvore com cipós para poder bater na cabeça das pessoas e derrubá-las, assim como criou a pólvora, em que misturou elementos da natureza que em contato com o fogo provocavam explosões. Hoje em dia, o machado foi aperfeiçoado, e é utilizado apenas para cortar lenha, porque para defesa pessoal utilizam-se faca, revólver e espingarda no ambiente privado; a pólvora é pouco utilizada em armamento, porque os mais modernos dispõem de tecnologia de última geração, como o *laser*.

Já na caça, que era feita apenas para a sobrevivência, criou o arco e a flecha combinando a flecha, uma haste de madeira fina com uma ponta afiada também de madeira ou de outro elemento cortante em uma extremidade e penas na outra para criar aerodinâmica, que era impulsionada por um arco, em que um tendão amarrado nas duas extremidades de uma haste de madeira delgada e flexível para ser curvada criava tensão para a propulsão da flecha em direção aos animais, que eram feridos pela ponta cortante e pela velocidade da propulsão. Hoje em dia são usadas espingardas, contudo a caça aos animais é proibida.

▪ Em Meios de Comunicação

No que se refere a equipamentos que permitiram a comunicação escrita, o ser humano criou o papel, para poder deixar impressas as suas palavras, que foi melhorando paulatinamente até os dias de hoje. Como o papel não era suficiente para deixar seu legado, criou instrumentos de escrita que evoluíram da haste de madeira em torno de material da natureza como a grafita para o lápis e os colorantes para a caneta, passando para a pena molhada em tinta, a caneta-tinteiro, até chegar às esferográficas.

Ainda no que se refere à escrita, criou a impressão, que permitiu registrar as grandes idéias e reproduzi-las, primeiro para poucas pessoas e depois para as grandes massas. A escrita evoluiu de blocos de madeira em alto-relevo para a impressão em rotativas de livros e jornais até chegar às impressoras de hoje, de uso comercial e até doméstico. O homem também criou as máquinas de escrever – manuais e elétricas –, os computadores, que estão revolucionando o mundo atual, as copiadoras, os aparelhos de fax e os *scanners*.

As transformações mais radicais em termos de mudança no estilo de vida das pessoas aconteceram nos equipamentos de comunicação oral. O homem criou a transmissão via rádio feita por ondas no espaço para encurtar as distâncias, que é utilizada até hoje em meios de transporte como aviões, navios, trens e em alguns automóveis, assim como nos meios de comunicação.

Também criou o telégrafo e o telefone, que permitiram que as informações chegassem aos lugares mais distantes, primeiro requerendo o auxílio de um operador especializado na transmissão de códigos, o telégrafo, depois possibilitando a comunicação direta, com o telefone. Atualmente, utiliza uma combinação de equipamentos de comunicação com tecnologia da informação para acabar com qualquer distância ao possibilitar a comunicação das pessoas interativamente, com voz e imagem e em qualquer lugar, devido à mobilidade possibilitada pelos satélites, por espectros de freqüência e equipamentos móveis de transmissão/recepção. Os processos de inovações contínuas, das incrementais às mais radicais, são observados com clareza na evolução das comunicações.

Vários equipamentos de comunicação foram aproveitados para o entretenimento das pessoas, como é o caso do rádio, usado para a transmissão de informações e divertimento às pessoas, e da televisão, com a transmissão de programas musicais, de jornalismo e telenovelas. Ainda em termos de entretenimento o homem criou o cinema, a câmera fotográfica, a filmadora, os gravadores de som e de vídeo e, mais recentemente, o CD e o DVD, para a reprodução de músicas e filmes, e as câmeras fotográficas digitais, cuja reprodução é feita pelo computador.

O homem também criou a roda, que serve como base para milhares de inovações até hoje, na medida em que está presente tanto em mecanismos mínimos para relógios como em satélites. A roda permitiu a criação de vários meios de locomoção e de comunicação, instrumentos de trabalho e equipamentos de escritório, e é utilizada em maior ou menor escala em quase tudo que se possa pensar.

O ser humano também usou a sua criatividade para criar meios de transporte revolucionários como o automóvel, a locomotiva, a motocicleta, o navio e o avião, que encurtaram as distâncias e o tempo de locomoção. E continua inovando criando carros para corridas, trens de alta velocidade, navios submarinos, aviões supersônicos e até os satélites para pesquisar o espaço. Da mesma forma, criou instrumentos auxiliares à locomoção como a bússola, o sextante e o radar, e os motores de combustão interna, a vapor, a diesel, elétricos e a jato.

Em Moradia

No que se refere à moradia, criou a lâmpada elétrica, que transformou a noite em dia, ampliando o tempo útil das pessoas; o tijolo, simplificando os métodos de construção e barateando os custos, ao utilizar o barro na sua confecção e o sistema de encanamento, economizando tempo ao levar água até as residências. Criou os edifícios, ampliando o aproveitamento do espaço físico para a construção de moradias; e o *drywall*, placas de gesso leves, porém resistentes, que diminuem o tempo das construções; assim como construiu o arado e a ceifadeira para agilizar o trabalho nas plantações.

No que se refere às utilidades domésticas, criou a geladeira para conservar os alimentos, o fogão para cozinhar dentro de casa, a máquina de lavar roupa para economizar tempo, o ar-condicionado para refrescar do calor no verão, e utensílios facilitadores, como o liquidificador para processar os alimentos e o forno de microondas para esquentar mais rápido a comida.

Em Ciência e Tecnologia

Para melhorar e facilitar o atendimento médico, criou vacinas contra diversas doenças e equipamentos como o aparelho de raios X, o estetoscópio, os aparelhos de tomografia computadorizada e de ressonância magnética, a máquina de diálise renal, o eletrocardiógrafo e o marca-passo.

O ser humano está sempre inovando em termos de materiais, com a criação de isopor, para conservar a temperatura e para melhor flutuação, e do Teflon, material isolante. Em termos de utilidades de escritório criou o Post It, para facilitar a anotação de lembretes, e a fita durex para colar papéis e outros materiais.

Em Administração

Algumas inovações foram feitas a partir da criatividade apenas de pessoas empreendedoras, mas grande parte delas foi gerada dentro das empresas, particularmente a partir da Revolução Industrial. De modo geral, grande parte das inovações refere-se a mudanças tecnológicas. No entanto, para acompanhar a tecnologia, as empresas também são obrigadas a mudar os seus modelos de negócios e a fazer reestruturações internas.

Exemplos clássicos de mudanças administrativas foram implantados na fábrica de automóveis Ford, nos Estados Unidos, que implementou uma prática baseada nas teorias de administração científica de Taylor, com o modelo de produção em massa conhecido como "fordismo". De modo a agilizar a fabricação de carros para atender à demanda crescente e ampliar o mercado pelo barateamento dos custos, a empresa implementou a divisão das tarefas, a padronização dos itens, a especialização das pessoas e um modelo de comando vertical. Os empregados passaram a executar as tarefas sem ter conhecimento de onde as suas funções se interligavam com as demais.

Um outro modelo foi implementado em Paris por Fayol em uma mineradora de carvão. Estabelece a divisão de trabalho, a subordinação aos interesses da organização, a disciplina, a unidade de comando e de direcionamento a objetivos, a responsabilidade dos empregados, a hierarquia, a ordenação de tarefas e a melhoria do comportamento dos empregados através da estabilidade, remuneração justa e promoção por lealdade, espírito de equipe e estímulo à iniciativa dos empregados para solucionar os problemas.

Já em outra indústria de automóveis, no Japão, a Toyota implementou um modelo conhecido como "toyotismo", que, diferentemente do "fordismo", estabelece o aumento da produtividade na fabricação de poucas quantidades de numerosos tipos de produtos. Esse modelo estabelece a mecanização flexível devido à inexistência de escala, a multifuncionalização da mão-de-obra, já que tem que adaptar-se a produzir para mercados muito segmentados. Incentiva o enriquecimento do aprendizado, implanta sistemas de controle da qualidade em todos os pontos do processo produtivo e o sistema *just-in-time*, que utiliza o planejamento dinâmico e flexível, minimizando estoques com o objetivo de produzir no exato momento da demanda.

Enfim, as inovações deixaram de focar o aumento da produtividade para se direcionar ao modelo de negócios, em especial qualidade e diversidade dos produtos, de forma a proporcionar um melhor atendimento dos clientes e gerar valor para as empresas.

Conclusão

"A administração tradicional não dará conta do recado."
Donald H. Rumsfeld
(Secretário de Defesa dos EUA)

A velocidade e a intensidade das mudanças tecnológicas que estão ocorrendo no mundo atual vêm provocando modificações substanciais nas organizações que, ou se preparam para a competição montando estruturas inovadoras e flexíveis de modo a implementar mudanças rapidamente, ou podem acabar fechando as portas.

Se até algum tempo atrás as organizações buscavam apenas novas tecnologias, atualmente elas se deram conta de que também necessitam modificar o seu modelo de negócios para absorver com mais agilidade essas inovações tecnológicas. As lideranças perceberam que mais do que nunca dependem do trabalho de pessoas criativas, que tenham idéias bem diferentes das que existem no mercado, tanto em termos de produtos e serviços como no que se refere a estratégia, processos e maneiras de trabalhar para implantar continuamente inovações nas empresas.

A inovação está atrelada à criatividade, já que se trata da implantação de novas idéias e/ou de maneiras originais de rearranjar as coisas de uma maneira eficaz que cause impacto; e pode se referir a produtos, serviços, processos, tecnologias e à estrutura e cultura organizacionais. De fato, a inovação está sempre profundamente relacionada a mudanças, a trocar o que existe hoje por uma projeção do amanhã, e, por isso mesmo, implica a assunção de riscos e a resistência e incompreensão das pessoas.

Com todas as transformações que estão acontecendo, as empresas que não inovarem certamente vão acabar. Por isso, elas têm que se preparar para serem mais ágeis e flexíveis, de modo a poderem se estruturar e reestruturar constante e rapidamente a fim de incorporarem as mudanças. Se hoje trabalham com departamentos estanques, têm que se organizar para funcionar em equipes flexíveis, que se formam e se desfazem em função de projetos e necessidades, e cujos participantes são chamados a atuar em alguns momentos do trabalho ou em tempo integral, de acordo com as suas especialidades. Mesmo a liderança dessas equipes vai variar de acordo com o estágio do projeto, de modo que um mesmo projeto pode ter um ou mais líderes em cada fase.

Dessa maneira, as organizações têm que se organizar em plataformas de inovação, com portfólios de projetos que equilibrem modelos de negócios e tecnologias, assim como inovações incrementais, semi-radicais e radicais. Se, em um primeiro momento, a maior parte das inovações aconteceu em tecnologia, atualmente é importante que a mudança seja direcionada à forma de trabalhar, que não acompanhou as mudanças tecnológicas.

O mesmo problema se verifica quanto ao tipo de inovação, cuja maioria é incremental, baseada em pequenas melhorias nos produtos, serviços e processos existentes. Contudo, cada vez mais vai ser necessário as empresas trabalharem com um percentual bem elevado de inovações radicais para se diferenciarem dos concorrentes e chegarem ou se manterem na liderança, ganhando vantagem competitiva. As organizações vão ter que redirecionar seu foco do curto para o longo prazo.

O grande desafio é a constante inovação, em bases cada vez mais radicais. Por isso, é essencial contar com pessoas criativas, que pensem o futuro com tanta naturalidade como se estivessem pensando no presente, que gerem idéias cada vez mais revolucionárias. Do mesmo modo, é preciso que as organizações estimulem essa criatividade, dando liberdade, autonomia e poder de decisão aos seus empregados e montando um ambiente físico que estimule a geração de idéias.

As lideranças devem ter um grande envolvimento em todo o processo de inovação porque têm um papel fundamental, que é o de estimular, confiar e investir até que a implementação dessas novas idéias cada vez mais mirabolantes seja concretizada. Também precisam motivar os empregados a participar ativamente do processo com sugestões e esforço conjunto de melhoria contínua. As empresas têm que trabalhar de uma forma integrada e todos devem se sentir responsáveis pelos projetos, de forma a neutralizar bloqueios organizacionais que podem eliminar idéias diferentes.

As estratégias têm que ser flexíveis para se adaptarem às necessidades de mudança, já que o ambiente externo está em constante ebulição, assim como devem ser redefinidas ou apenas adaptadas em função dos novos cenários ou da viabilidade dos projetos. Contudo, a organização tem que alinhar as iniciativas de inovação à estratégia dos negócios e não perder de vista seus objetivos, cada vez mais orientados para a satisfação dos clientes e a conseqüente geração de valor para eles e para a empresa.

As empresas devem ter sistemas de gestão e redes de conexão interligando toda a estrutura interna, assim como se conectando com clientes, fornecedores, universidades e outros parceiros, em especial os participantes das equipes dos projetos de inovação, para permitir que pessoas de todo o mundo trabalhem em conjunto em um mesmo projeto através da comunicação virtual.

Os empregados têm que trabalhar em equipes interfuncionais, formadas por pessoas criativas e com conhecimentos em diversas especialidades e que tenham um pensamento não-convencional e aberto às inovações e ao aprendizado contínuo. Para estimular as inovações mais radicais, as organizações têm que premiar as equipes que gerarem, desenvolverem, implementarem e comercializarem as idéias, assim como reconhecer por tipo, já que as inovações radicais são muito mais trabalhosas e exigem mais criatividade que as incrementais.

Os planos de carreira, remuneração e promoções têm que estar relacionados tanto às habilidades e competências dos empregados como às suas sugestões, viabilização, implementação e comercialização de idéias novas. As gerências deixam de estar relacionadas a salários mais altos por causa da responsabilidade para se referirem apenas à melhor capacitação para o exercício da liderança, organização das atividades e comunicação entre os participantes, sem que os demais empregados que não têm perfil gerencial sejam prejudicados por não serem promovidos a gerentes.

As empresas têm que assegurar a eficiência dos principais elementos que mantêm a inovação integrada à mentalidade empresarial que são os processos, as estratégias, a estrutura e a cultura organizacionais que sustentam a inovação. A alta direção tem que criar indicadores para avaliar as idéias, o desenvolvimento dos produtos, a interação das equipes, o gerenciamento dos sistemas de gestão e a eficácia da estratégia.

Dessa maneira, sugere-se que o modelo mais adequado para a estruturação de empresas inovadoras flexíveis e eficientes seja constituído por três estruturas básicas, duas referentes ao suporte e uma à atividade principal, quais sejam, respectivamente, uma relacionada à Estratégia, outra relacionada à Infra-estrutura e outra aos Produtos.

A estrutura da Estratégia se subdivide em três unidades de negócios: uma dirigida ao presente, responsável pela criação de processos e avaliação de recursos e valores; outra ligada à avaliação de desempenho e ao desenvolvimento e à mensuração dos indicadores, e uma terceira com o foco direcionado ao futuro para a criação de cenários e a geração de idéias revolucionárias.

A estrutura da Infra-estrutura também é subdividida em três unidades de negócios: uma relacionada à gestão das pessoas, responsável pela contratação, treinamento e alocação de pessoas aos projetos, remuneração e incentivos; outra referente à gestão financeira, responsável pela avaliação da receita, dos investimentos, custos e despesas; e uma terceira, referente à gestão administrativa responsável pelos suprimentos, logística e assuntos jurídicos.

A estrutura dos Produtos está subdividida em quatro unidades de negócios, três das quais também são de suporte: uma relacionada à gestão de marketing, responsável pelas sugestões de idéias, embalagem, pesquisa de mercado, comercialização e comunicação; outra relacionada à gestão de engenharia, responsável pela produção e operação dos projetos; e uma terceira relacionada à gestão tecnológica, responsável pela tecnologia da informação e pelas telecomunicações.

No entanto, a quarta unidade de negócios dessa estrutura é a unidade central da empresa, que funciona como a própria empresa, uma vez que todas as demais apenas dão suporte. Está relacionada à gestão de projetos e tem uma estrutura matricial que mescla em um eixo as plataformas de inovação – incremental, semi-radical e radical – e, no outro, os portfólios de projetos que são as áreas de eficácia da empresa. Por exemplo, em uma empresa de telecomunicações, podem ser áreas como voz, dados, imagem, produtos integrados e projetos personalizados.

Em todas as unidades há poucos empregados fixos, que funcionam mais como consultores e gestores. A grande maioria dos empregados é móvel e alocada aos projetos de acordo com as necessidades e o momento. Dessa forma, todos os projetos contam com pessoas especializadas nas áreas de tecnologia da informação, engenharia, marketing, finanças, administração e estratégia. Muitas pessoas vão trabalhar em mais de um projeto ao mesmo tempo, na medida em que eles estão em diferentes estágios e vão exigir mais ou menos esforços em cada estágio.

Trata-se realmente de uma estrutura organizacional revolucionária, mas que possibilita muita agilidade e flexibilidade para que as organizações acompanhem a rapidez com que as mudanças estão se processando e se mantenham na liderança ou, pelo menos, no mercado.

Bibliografia

BENNIS, Warren; BIEDERMAN, Patrícia Ward. *Os gênios da organização* – as forças que impulsionam a criatividade das equipes de sucesso. Rio de Janeiro: Campus, 1999.

CHRISTENSEN, Clayton M.; ANTHONY, Scott D.; e ROTH, Erik A. *O futuro da inovação* – usando as teorias da inovação para prever mudanças no mercado. Rio de Janeiro: Campus, 2007.

CHRISTENSEN, Clayton M.; RAYNOR, Michael E. *O crescimento pela inovação* – como crescer de forma sustentada e reinventar o sucesso. Rio de Janeiro: Campus, 2003.

CLEGG, Brian; BIRCH, Paul. *Criatividade* – modelos e técnicas para geração de idéias e inovação em mercados altamente competitivos. São Paulo: Makron Books, 2000.

DAVILA, Tony; EPSTEIN, Marc J.; SHELTON, Robert. *As regras da inovação*. Porto Alegre: Bookman, 2003.

HAMEL, Gary; BREEN, Bill. *O futuro da administração*. Rio de Janeiro: Campus, 2007.

HAMEL, Gary; PRAHALAD, C. K. *Competindo pelo futuro* – estratégias inovadoras para obter o controle do seu setor e criar os mercados de amanhã. Rio de Janeiro: Campus, 1997.

HARVARD BUSINESS REVIEW BOOK (Prefácio William G. McGowan). *Revolução em tempo real* – gerenciando a tecnologia da informação. Rio de Janeiro: Campus, 1997.

KANTER, Rosabeth Moss; KAO, John; WIERSEMA, Fred. *Inovação* – pensamento inovador na 3M, DuPont, GE, Pfizer e Rubbermaid. São Paulo: Negócio, 1998.

KAO, John. *Jamming* – a arte e a disciplina da criatividade na empresa. Rio de Janeiro: Campus, 1997.

KATZENBACH, Jon R. *Os verdadeiros líderes da mudança* – como promover o crescimento e o alto desempenho na sua empresa. Rio de Janeiro: Campus, 1996.

KIM, W. Chan; MAUBORGNE, Renée. *A estratégia do oceano azul* – como criar novos mercados e tornar a concorrência irrelevante. Rio de Janeiro: Campus, 2005.

MAY, Matthew E. *Toyota* – a fórmula da inovação. Rio de Janeiro: Campus, 2007.

MCKENNA, Regis. *Competindo em tempo real* – estratégias vencedoras para a era do cliente nunca satisfeito. Rio de Janeiro: Campus, 1998.

MICHELLI, Joseph. *A estratégia Starbucks*. Rio de Janeiro: Campus, 2007.

MOURA, Angela. *Ensaios da criatividade*. Rio de Janeiro: Microart, 1992.

PETERS, Tom. *Reimagine!* Excelência nos negócios numa era de desordem. São Paulo: Futura, 2004.

PHILBIN, Tom. *As 100 maiores invenções da história*. Rio de Janeiro: Campus, 2006.

ROCHA, Lygia Carvalho. *Vendas criativas*. Rio de Janeiro: Impetus, 2003.

_____. *Orientação para os clientes*. Rio de Janeiro: Senac, 2003.

TERRA, José Cláudio Cyrineu (organizador). *Inovação* – quebrando paradigmas para vencer. São Paulo: Saraiva, 2007.

ARTIGOS DAS REVISTAS HSM Management e Época Negócios, de 2007 a 2008.

Pré-impressão, impressão e acabamento

grafica@editorasantuario.com.br
www.editorasantuario.com.br
Aparecida-SP